KB109783

당신의
책장 속에
육아의
답이 있다

마리혜사의
맹랑육아

당신의 책장 속에 육아의 답이 있다

발행일   2015년 11월 16일

지은이   서맹은
펴낸이   최수진
펴낸곳   세나북스
출판등록 2015년 2월 10일 제300-2015-10호
주소   서울시 종로구 통일로 18길 9
홈페이지 banny74@naver.com
전화번호 02-737-6290   팩스 02-737-6290

ISBN   979-11-954627-4-2 03370(종이책)
        979-11-954627-5-9 05370(PDF)
        979-11-954627-6-6 05370(EPUB)

이 도서의 국립중앙도서관 출판예정도서목록(CIP)은 서지정보유통지원시스템 홈페이지(http://seoji.nl.go.kr)와
국가자료공동목록시스템(http://www.nl.go.kr/kolisnet)에서 이용하실 수 있습니다.
(CIP제어번호 : CIP2015029607)

당신의
책장 속에
육아의
답이 있다

서맹은 지음

좋은 부모가 되고 싶어하는 이들에게
프로가 권하는 육아 필독서

당신의 아이는 행복한가요?

세나북스

작가의 말

늘 가슴 한쪽이 답답했다. 무언가가 내 일생에 부족하고 허전했고 종종 무력감이 몰려왔다. 감당하기 어려울 만큼 감정의 기복이 심해지기도 했다. 엄마의 이런 모습은 세 아이에게도 영향을 미쳤다. 엄마의 무력감은 먼저 큰 아이의 등교 거부라는 형태로 모습을 드러냈다. 내 나이 40대에 막 들어서던 때였다. 두 개의 어린이집을 운영하느라 정신이 없었고 단체장을 맡아 열정적으로 일을 해나가던 시절, 아들의 등교거부는 모든 것을 정지시켰다. 아이의 등교 거부는 모든 것을 제로로 만들었다. 거기, 그 순간부터 나는 모든 것을 다시 시작해야 했다. 무엇이 문제인가? 많은 것들을 내려놓아야 했다. 한창 일할 나이 40대에 나는 많은 것을 내려놓고 내 아이와 나 자신에게 집중했다. 함께 상담받으러 다녔고 심리학 책을 읽기 시작했다. 지난 2007년의 일이다.

상담을 받고 심리학 책들을 읽으면서 깨달았다. 아들의 문제는 양육방식의 결함에서 출발했다는 사실을. 나뿐 아니라 내 부모와 부모의 부모에까지 거슬러 올라가 대대로 내려온 양육방식에 문제가 있었다. 이런 일을 겪으며, '육아', '양육', '심리'라는 세 단어는 10여 년의 세월에 녹아내린 내 인생의 키워드가 되었다.

어지간한 육아서, 심리서 등을 닥치는 대로 읽었다. 그리고 이제는 쉬이 책을 찾아내는 눈이 생겼고, 책 읽기는 여전히 진행 중이다. 신간을 기다리고 절판된 책을 헌책방에서 구해 읽기도 한다. 그렇게 해서 일주일에 한 편씩 육아 관련 칼럼을 쓰려고 노력했다. 돌아보니 부끄럽고 부족함이 넘치지만, 그 열정만은 스스로 인정해 주고 싶다.

처음에는 육아와 양육이란 단어에서 출발했지만, 나중에는 심리 책들에 더 많은 시간을 할애하게 되었다. 그리고 육아나 양육이 심리적인 면과 많이 맞닿아 있다는 것을 알게 되었기 때문이다.

시절인연時節因緣이라는 말이 있다. 잘 알다시피 불가에서 쓰는 용어로 '모든 인연에는 오고 가는 시기가 있다.'는 뜻이다. 시절인연의 내용을 넓게 보면 사람이나 일, 심지어 물건과의 만남, 또한 깨달음과의 만남도 때가 있는 법이라는 뜻이다. 만나고 싶지 않아도, 가지고 싶지 않아도 시절의 때를 만나면 기어코 만날 수밖에 없는 것, 그것이 시절 인연이다. 부모가 된다는 것, 내 아이의 양육을 해야 하는 것도 '시절인연'이 아닐까? 그리고 이 책도 그러한 '시절인연'의 산물인지도 모른다. 궁금하고 풀리지 않았던 의문은 그때그때 읽은 육아 관련 책들을 통해, 주변 사람들의 조언을 통해, 그리고 시행착오를 거치는 과정에서 그 해답을 찾을 수 있었다.

내가 고민하고 경험했던 상황에 대해 책들은 답을 주었다. 지나간 날을 거슬러 올라가 본다. 아이를 기르던 순간 놓쳤던 많은 것들, 그런 일들을 글로 옮겨 보았다. 나 자신의 치유를 목적으로 시작한 일이다. 그리고

당신의 책장 속에 육아의 답이 있다

이제 나의 경험을 나누고 싶어졌다. 엄마들이 조금이라도 육아와 양육에서 시행착오를 덜 겪고 다가오는 많은 상황에 지혜롭게 대처하기를 바라는 마음에서다. 아이들이 어느 정도 성장하고 육아에서 한숨 돌린 어른들은 뒤늦게 이렇게 말한다. "만일 다시 아이를 키운다면…." 그때, 그 시기에 조금만 더 알았더라면 그렇게 하지 않았을지도 모른다는 아쉬움이 가득한 말이다. 하지만 인생에서 '만일'이라는 말은 절대 허용되지 않는다. 이 책이 아이의 양육에 힘쓰고 있는 분들에게 '만일'이란 말의 낭비를 줄일 기회가 되었으면 좋겠다.

'그 대단한 육아 방법이 우리 아이에게만 안 맞는 불편한 진실'이라는 말이 있다. 육아의 어려움을 가장 확실하게 표현해 주는 문장이 아닐까. 여러 책과 이론서들을 전전하면서 다양한 육아 정보를 구했지만, 특별히 '이것이다'라는 답을 얻기는 쉽지 않았다.

> 많은 부모들이 아이를 키울 때 효과적인 노하우나 현명한 양육방법을 찾으려 한다. 책이나 매스컴에서 '이럴 때 이렇게 하면 된다.' 식의 조언에 귀 기울인다. 아이를 잘 키우고 싶은 부모 마음에서 일 것이다. 하지만 그 결과 아이의 문제 행동과 해결에만 초점을 두고 공통적이고 대중적인 방법들을 아무런 고민 없이 우리 아이에게 그대로 적용하게 된다. (…) 우리 아이에게 과연 이 방법이 맞을까? 이 고민은 아이를 키우는 장면마다 반드시 필요하다.
> – 김성은, 『왜 나는 아이와 자꾸 부딪칠까?』

우리 주변의 많은 부모들은 '잘해 보고 싶은데 생각대로 잘 안 된다.'고들 말한다. 마음이 앞선 어머니들이 애착 관련 책을 사 읽고 사랑해 주리라, 접촉해 주리라 다짐한다. 하지만 책에 나오는 내용 외에는 무엇을 해야 할지 잘 모르겠다고 한다. 이런 교과서적인 방법 이외에 일어나는 일들은 어떻게 대처해야 하는 걸까?

'양육'은 때때로 '누구나 할 수 있는 일'이라고 폄하되기도 한다. 그러나 세 아이를 키우고 어린이집을 16년 동안 운영해 본 결과, '양육'은 절대 누구나 할 수 있는 일은 아니라는 확신이 든다. 사랑도 경험하고 배워야 잘할 수 있는 것처럼 양육도 마찬가지다. 경험을 미리 할 수 없지만 배워서 해야 한다. 그것도 바람직한 방법으로 배워야 한다. 사람을 키우는 일이니 당연한 것이 아니겠는가.

어떤 이는 이렇게 말하기도 한다. '고 어린것들이 뭘 안다고?' 천만의 말씀이다. 고 어린것들은 때로 어른들보다 더 민감하고 무언가를 잘 안다. 왜냐하면, 누군가의 도움을 절실하게 필요로 하는 발달 단계를 거치는 아기들은 무의식적이고 본능적으로 그만큼 예민하고 민감하게 주변의 관심에 반응한다. 오로지 양육자의 선택에 따라 자신이 생존하고 발달할 수 있다는 것을 잘 알고 있다.

부모란 그냥 자연스럽게 되는 줄 알았다. 수많은 시행착오를 거쳤고 아직도 끝나지 않았다. 아이가 커가면서 나도 거기에 맞춰 부모로서 해야 할 역할이 계속 변한다. '낳아놓으면 절로 큰다.'는 어른들의 말씀은 어른 되기를 두려워하는 이에게 건네는 덕담에 불과할지 모른다. 낳아 놓으면 절대 절로 크지 않는다. 아이를 이해하고 아이와의 정서적 유대를 형성하

당신의 책장 속에 육아의 답이 있다

기 위해 끊임없이 관찰하고 노력해야 한다. 말로 전달하지 못하고 온몸으로 온 울음으로 자신을 표현하는 영아들을 이해하기 위해서는 어른들을 이해하려는 노력의 몇 곱절에 해당하는 노력과 애정을 쏟아야 한다. 그것도 사랑을 듬뿍 담아서.

내 아이를 키우면서 겪었던 어려움을 극복해 보고자 읽기 시작한 책에서 출발, 이 책을 쓰게 되었다. 또한, 현장에서 부모와 아이들의 간격을 좁혀보고자 노력했던 결과물이기도 하다. 많은 이론서, 자기 계발서, 육아 사례집과 현장의 경험을 접목하여 정리한 육아 가이드이기도 하다. 부모와 0~7세 아이들 사이에서 상담 과정을 통해 소통의 징검다리 역할을 하는 아이들을 보육하고 가르치는 보육교사 선생님과 유치원 선생님, 이제 막 부모가 되어 양육의 어려움을 겪고 있는 엄마 아빠들이 읽었으면 분명 도움이 될 것이다. 책 읽기를 통해 만났던 수많은 심리상담가와 저자들에게 감사의 인사를 드리고 싶다. 이 책이 나오기까지 가장 큰 힘을 준, 세 아이와 어린이집 아이들과 교사, 부모님들께 감사드린다.

차례

Part 3 일하는 엄마의 육아 전략

Part 4 놀이로 크는 아이들

Part 1

어린이집과
함께하는
즐거운 육아

1
월요병은 아이들에게도 있다

어린이집 아이들이 주말이나 휴일, 혹은 방학을 보내고 오는 월요일은 여느 날과는 조금 다르다. 아이들이 피곤해 보이기도 하고 유난히 부모님과 헤어지는 것을 힘들어한다. 어른들이 주말여행을 다녀오거나 휴가 기간에 여행을 다녀왔을 때의 느낌과 이때 아이들이 느끼는 리듬이 비슷하지 않을까 싶다. 즉 생활리듬에 변화가 있어서 보이는 행동일 것이다. 그렇다면 어린이집에서의 일반적인 생활리듬은 어떻게 이루어지고 있는 것일까.

대체적인 일과는 여러 명이 함께 어울려 하는 대집단 활동과 각자의 흥미의 취미에 따라 활동하는 소집단 활동, 그리고 자유롭게 자신이 하고 싶은 활동을 할 수 있는 자유선택활동, 이렇게 세 가지로 구성되어 있다. 또 활동하고 난 후에는 다른 활동을 위해 자리를 다른 곳으로 옮기게 된다. 각종 활동을 하고 난 후에는 정리정돈 시간을 가진다. 건강한 신체발달을 위한 점심시간도 중요한 하나의 리듬에 속한다.

자유선택 활동은 어린이집에서 각자의 흥미 영역에 따라 아이들이 원하는 활동을 하는 시간이다. 주로 등·하원 시간에 많이 이뤄지는데 이 시간을 간혹 그저 무의미하게 놀리는 시간으로 오해하기도 한다. 실제로는 아이들은 이 시각에 아주 많은 것들을 효과적으로 배운다.

정리정돈 시간의 의미도 크다. 이 시간을 통해 아이들은 스스로 할 수 있다는 자신감을 가지기 시작한다. 간혹 부모님이 일을 마치고 아이를 데리러 왔을 때 아이들은 자신이 가지고 놀던 장난감을 더 가지고 놀거나 퍼즐 조각을 다 맞추어 놓고 가려 할 때도 있다. 이때 아이의 부모는, "집에서는 이렇게 안 하는데…."라는 말을 하곤 한다. 가정과 어린이집의 리듬이 다르다는 것의 방증이기도 하다. 어린 나이라 어른의 도움을 받아야 하는 아이들에게도 기초적인 생활습관은 중요하다.

산책 및 실외놀이도 한다. 아이들은 신체 활동뿐 아니라 실외에서 긴장을 푸는 방법으로 실외놀이를 한다. 여러 명의 아이가 함께 나름의 규칙과 순서가 있는 놀이를 하게 된다. 안전하게 놀기, 차례 지키기 등 눈에 보이지 않지만 중요한 경험을 하는 시간이다.

점심 준비 및 식사시간에는 영양과 식습관을 중요하게 여긴다. 아이들은 자신의 손으로 직접 도시락 뚜껑을 열고 정리하는 연습을 조금씩 해본다. 집에서는 하지 않았던 일들을 아이들이 어린이집에서 잘하게 되는 경우가 많다. 이는 아이들에게 그만한 능력이 있다고 보느냐 아무것도 할 줄 모르는 아기로 보느냐의 시각차이다. 처음에는 익숙하지 않아 잘 못하지만 격려하고 실수할 기회를 주면 아이들은 점점 더 능숙하게 잘할 수 있다. 혼자 먹기, 스스로 식판과 수저 정리하기 등을 점점 잘 해내면서 아이들은 '나도 할 수 있다.'는 자신감을 느끼게 된다.

마지막으로 정리 정돈 및 귀가시간이다. 하루를 마무리할 때는 아이들과 그날을 돌아보면서 어땠는지 이야기를 나눠보고, 내일 할 일에 대한 이야기를 나누기도 한다. 말하자면 계획을 세우는 것이다. 미리 계획을 세우고 말해 줌으로써 아이들이 당황하지 않고 준비를 할 수 있게 배려하는 것이다. 별것 아닌 것 같아도 이런 습관들이 몸에 배며 아이들은 자

당신의 책상 속에 육아의 답이 있다

기가 한 일에 대해 평가해 보고 그 결과를 다음 계획에 반영할 수 있게 된다. 점점 어른으로 자라게 되는 것이다.

이런 일련의 활동들은 아이들을 균형 잡힌 사람으로 발달하게 해 준다. 아이들이 무슨 노래를 배우고 뭘 만들어 보았는가, 어떤 활동들을 하며 지냈는가도 물론 중요하지만 가장 중요한 것은 눈에 보이지 않는 내적인 발달이다. 훗날 아이가 어떤 모습의 청소년, 어떤 성격의 어른으로 성장하는가는 이때의 경험과 밀접한 연관이 있다. 아이들이 월요일에 힘들어하듯 어른들도 휴일을 보낸 다음 날은 힘이 든다. 그럴 때 지혜롭게 하루를 잘 헤쳐나가듯 우리 아이들도 그런 경험을 통해 훗날 지혜로운 어른으로 발달해 가는 것이다.

2
다른 일을 하기 전에는 미리 예고해 주세요!

"선생님 어린이집에 세 번만 오면 외할머니 집에 가요. 오늘 체육 선생님 오는 날인가요?"

세 살 아이의 말이다. 아이는 세 번 어린이집에 오고 나면 외할머니댁에서 며칠을 지내야 한다. 그리고 매주 금요일은 체육 선생님이 오는 날이다. 어린 나이라도 이렇듯 자신에게 일어날 일에 대해 민감하게 반응하고 있음을 알 수 있다. 대화를 통해 미리 일어날 일에 대한 얘기를 나누다

보면 아이도 교사도 변화된 일정에 대한 부담감이 줄어든다.

그에 반해 사전 연락 없이 아이를 데리러 오는 부모님도 가끔 있다. 미리 전화해 주지 않고 급하게 와서 아이를 데리고 가겠다고 하면 교사도 준비하지 못해 당황하고 일상적인 순서에 따라 생활하고 있는 아이도 당황한다. 말하자면 리듬이 깨지는 것이다. 그럴 때는 공손하게 다음부터는 미리 전화를 주십사 부탁하곤 한다. 미리 예고하지 않으면 어른도 당황하지만 어린 나이의 아이들도 마찬가지다.

양육 이론서에 빠지지 않고 하는 등장하는 말이 있다. "다른 일을 하기 전에는 미리 예고해 주세요"라는 말이다. 특히 나이가 어릴수록 더 그렇게 해야 한다는 것이다. 아이들은 어른들처럼 그때그때 갑자기 변화하는 상황을 바로 이해하지 못하기 때문에 힘들고 짜증을 내고 고집을 부리게 된다. 이런 상황을 만들지 않기 위해서는 어른인 부모의 배려가 필수적으로 따라야 한다.

그와 더불어 "매일 해야 할 일들을 순서대로 정해라."도 중요하다. 아이가 예측할 수 있는 일과를 짜는 것이 필요하기 때문이다. 아침마다 짜증 내며 야단법석이 벌어지는 데는 다 이유가 있는데 그것은 아침에 해야 하는 일들에 대한 순서와 규칙을 정하지 않았기 때문이다. 일관성 없는 행동들이 아이를 짜증 나고 불안하게 만든다. 어른들이 간과해서는 안 되는 중요한 일이다.

아침에 울고 오는 아이들을 보면 위와 같은 이유인 경우가 많다. 이를테면 어제는 엄마가 바쁜 일을 처리하느라 텔레비전을 보게 하고서 오늘은 텔레비전을 보지 못하게 하는 경우도 이에 해당한다. 늦잠을 잤기 때

당신의 책상 속에 육아의 답이 있다

문에 어떤 것은 생략해 버리고, 또 시간이 남는다고 하여 갑자기 어떤 일정을 추가하는 일은 어린아이들에게 더없이 힘든 일이다.

어른들은 필요에 따라 일정을 바꿀 수 있다. 원래는 아침에 머리를 감지만 늦잠을 잔 날엔 저녁에 머리를 감을 수도 있는 것처럼 말이다. 일에 몰두하다가도 문득 생각난 다른 일을 동시에 처리하기도 한다. 그런데 아이들은 이렇게 하지 못한다. 많은 엄마들은 아이들이 당연히 그럴 수 있을 것으로 생각하고 아이의 흐름을 깨뜨리고 엄마의 일정에 아이를 억지로 맞추려 한다. 이럴 때 아이들은 혼란스럽고 불안하다.

아이가 떼쓰고 반항하면 급한 마음에 엄마는 덩달아 짜증을 내고 아이를 나무라게 된다. 집에서 흔히 일어날 수 있는 일이고 바쁘게 아이를 어린이집에 데려다주는 과정에서 한 번씩 발생하는 일이기도 하다.

이런 경우 아이의 발달 특성을 잘 이해하고 될 수 있으면 아이의 익숙한 일상이 방해받지 않도록 배려해 주어야 한다. 또한, 어떤 일을 하기 전에 미리미리 준비할 시간을 줘서 아이가 불안함을 느끼거나 짜증을 내지 않도록 해 주는 것이 바람직하다. '다른 일을 하기 전에 미리 예고'해 주는 것은 누구에게나 꼭 필요한 일이다.

3
몸과 마음이 함께하는 아이들 식사시간

한 숟가락에 수많은 인연들이 얽혀있다. 한 알의 쌀알에도 만인의 노고가 숨어 있다. 농부가 밭을 가는 은혜가 들어 있고 쟁기를 끄는 가축의 수고가 들어 있고 쟁기를 만드는 대장장이의 수고가 들어 있고 무쇠를 구하는 수고, 비료를 만드는 인부의 수고, 어머니의 밥 짓는 은혜 등 한 알의 쌀에도 수수 인연들이 있다.

'공양게'의 내용이다. 불교에서는 공양게를 통해 음식을 대하는 마음 자세를 담고 있다. 내 입에 음식이 들어오기까지 지구'인 백여 명의 손길이 닿아 있다는 이야기가 있다. 그 소중한 음식이 우리 몸과 마음을 구성하고 있으니 간식과 점심시간은 그만큼 소중한 시간이다. 간식이나 점심시간은 아이들에게 바른 식습관과 음식에 대한 긍정적인 태도, 올바른 식사 예절을 가르칠 기회가 되며, 조용한 감상과 대화의 시간이 될 수 있다.

간식이나 점심을 먹기 위해서 탁자에 아이들을 지나치게 붙여서 앉히지 않는다. 이렇게 함으로써 유아들의 소란스러움을 낮출 수 있다. 교사나 아이들이 자주 일어났다 앉는 것을 피하고자 음식과 기구, 자료들을 탁자 가까이에 놓는다. 아이들이 간식을 먹기 전에 탁자에서 오래 기다리지 않도록 해야 한다. 아이들은 집중하는 시간이 짧아 기다림을 힘들어하고 굉장히 지루하게 느끼기 때문이다. 만약 짧은 시간 동안이라도 기다려야 한다면 유아들이 재미있게 할 수 있는 노래나 손가락 놀이, 수수께끼

당신의 책상 속에 유아의 답이 있다

게임을 할 수 있게 유도한다.

『유능한 유아교사의 학급운영: 문제와 그 해결방안』이란 책에서는 간식이나 점심을 먹기 전 비종교적인 방법으로 감사기도와 짧은 의식하기가 나온다. 이를테면 이런 것이다. '우정에 관한 시, "감사해요. 지구. 감사해요. 태양. 우리는 당신이 무엇을 했는지 잊을 수 없어요." 혹은 "나는 달을 좋아해요. 나는 나무를 좋아해요. 나는 나에게 주어지는 지구의 음식을 좋아해요."와 같은 감사의 노래나 '비종교적인 의식' 등이 그것이다.

한편, 음식을 만드는 사람이 그 음식을 좋아해야 맛있는 음식이 만들어지는 것처럼 함께 먹는 좋은 식습관과 식사 예절을 위해서는 교사나 부모의 역할이 중요하다. 아이에게 어른은 본보기가 되기 때문이다. 설령 맛이 없는 음식도 어른들이 맛있게 먹으면 아이들은 그 맛이 궁금해진다.

음식을 제공하되 강요하지 않아야 한다. 주어진 음식을 다 먹거나 골고루 먹은 유아에게 후식을 줄 수도 있다. 이것은 보상이 아니다. 유아들에게 간식만 먹을 것이 아니라 다른 음식도 많이 먹어야 한다는 것을 확인시켜 주는 것이다. 음식을 먹는 동안에 유아들이 낮은 목소리로 대화할 수 있도록 한다. 낮은 목소리는 소화에 도움이 된다.

음식을 흘리거나 묻히면서 먹는 유아에게는 음식을 가득 채워주기보다는 절반만 채워주고 다 먹은 후에 조금 더 주도록 한다. 손가락의 힘이 부족해서 숟가락, 젓가락, 포크를 사용하는 것이 어려운 아이들은 손 근육 발달에 도움이 되는 활동을 하면 좋다. 가위로 종이 자르기, 간단한 퍼즐 맞추기, 레고 만들기, 블록 쌓기 등은 손 근육 발달에 도움이 된다고 하니 가정에서 참고해서 아이에게 시키면 좋다.

4
부모와 아이가 시간을 함께 한다는 것

"벌써, 끝나버렸네."

"벌써, 끝나버렸네."

어린이집에 등원한 아이는 이곳저곳을 기웃거리며 뭔가를 찾는 시늉을 한다. 전날 저녁 시간, 부모님과 함께했던 활동들이 인상 깊었던 모양인지 자꾸만 함께 활동했던 이곳저곳을 들여다본다. "어제 엄마랑 재미있었어?" 하고 물으니 고개를 끄덕거린다. "그랬구나! 다음에 또 하자."라며 아이를 다독거려 준다.

아이만 이런 반응을 보인 것은 아니다. "아이가 어린데 뭘 알겠어요?"라고 말했던 부모들은 부모참여수업을 마치고 집으로 돌아가는 길에 "아이가 이렇게 즐겁게 활동하는 줄 몰랐어요."라고 소감을 말한다. 참여수업에서 시행하는 모든 활동은 영아의 나이에 맞추어져 있어서 아이는 무척 즐거운 시간을 보낸다. 그리고 이런 즐거운 표정과 몸짓의 아이들을 보고 부모는 새삼 놀라게 된다.

어린이집에서 영아기에 있는 0~2세 아이들의 모든 활동은 '접촉'과 '애착'을 통한 스킨십 활동으로 이뤄져 있다. 부모참여수업활동도 마찬가지다. 아이들은 동화를 읽고 손 유희 활동을 통해 부모님과 서로 비비고 만지고 안고 즐거운 시간을 가진다. 부모님과 함께하는 요리활동은 부모참여수업의 정점을 이룬다.

부모참여수업은 때론 귀찮거나 번거로울 수도 있어 부모들이 참여를

당신의 책장 속에 육아의 답이 있다

주저하기도 한다. 그러나 부모는 참여수업을 통해 가정에서 보지 못한 아이들의 모습을 보게 되는 경우가 많다. 여러 아이 속에서 자기 아이의 적극적이거나 소극적이거나 즐기거나 머뭇거리는 모습을 보면서 아이의 또 다른 면을 발견하게 된다. 직접 체험하고 경험하면서 아이의 활동을 적극적으로 이해하게 된다. 아이가 어떤 활동을 좋아하고 어떤 활동을 하면서 하루를 보내는지 자신도 경험해 보면서 부모 스스로 안심하는 기회가 된다.

아이는 출생 초기에는 '먹이고 재우고 씻기'는 것과 같은 단순한 활동에 반응하고 만족감을 느낀다. 그러나 만 1세 즈음부터 더욱 다양하고 구체적인 상호작용을 통해 애착형성에 필요한 활동을 추구한다. "아이에게 어떻게 해 줘야 하는지 잘 모르겠어요."라는 부모들의 하소연을 가장 많이 듣게 되는 시기가 바로 이 시기이기도 하다.

부모님들이 참여하는 수업 또한 어린이집에서 아이들이 활동하는 영역에서 크게 벗어나지 않는다. 단지 아이들이 평소에 하는 활동을 부모가 함께 참여하여 같이 해 보는 경험을 한다는 것이 다를 뿐이다. 부모들은 수업에 참여해 봄으로써 아이를 더 잘 이해할 수 있게 된다. 어린이집에서 어떤 활동을 하는지 알게 되어 가정과의 연계성 있는 양육에도 도움이 된다. 이러한 부모 참여 수업에 적극적으로 참여하는 일도 아이를 잘 키울 수 있는 밑거름이 되는 것이다.

5

부모와 교사가 상담을 대하는 방법에 대하여

> 만약 누군가가(물론 그 사람은 굉장히 유명한 양육 전문가이다) 자신의 양육 방식을 평가한다면 기분이 어떨까. 아마도 아무리 유순한 성격의 엄마라도 이런 상황에 놓이게 되면 굉장히 예민하게 반응할 것이다. 엄마들은 자신의 양육 방식에 누군가 개입하거나 평가하는 걸 달가워하지 않는다. 그러면서도 한편으로는 아이를 위해 무엇을 해 줘야 하는지 배우고 싶어 하며 전문가처럼 완벽하게 아이를 키우기를 꿈꾼다.
>
> – 로빈 그릴, 『0~7세, 감정육아의 재발견』

아이를 키우면서 나도 겪었던 감정이고, 어린이집 부모들도 비슷하게 느끼고 있을 것이다. 그러므로 상담이나 면담이란 시간을 갖고자 할 때 많은 불편함과 긴장감이 동반되는 되는 것을 느낄 수 있다. 완전하고 완벽한 사람은 없기에 누구나 겪는 과정임을 알면서도 그것을 인정하기가 쉽지 않기 때문이다. 늘 '이미 충분한 부모'라고 생각하더라도 역시 상담이나 면담은 부담스러운 시간이다. '완벽한 엄마'가 되고 싶어 하는 부모라면 그 부담은 배가 될 것이다. 혹여 자신이 '나쁜 엄마'나 '부족한 엄마'가 아닐까 하고 스스로 의심하는 경우도 많다.

상담을 준비하는 입장에서도 긴장되는 것은 마찬가지다. 자격증을 소유하고 끊임없는 교육을 받고 연구를 하고 현장에서의 경험도 많지만, 모

당신의 책장 속에 육아의 답이 있다

든 면에서 완벽할 수는 없기에 혹여 아이에 대한 관찰이 잘못되거나 부족하지 않은지 긴장하게 된다. 부모님과의 소통이 어려운 상황일 때는 그 스트레스는 배가 된다. 관찰일지나 기록물들을 챙겨보지만, 역부족일 때가 있다는 것도 고백한다. 이런 경우 부모님의 부담과 어린이집의 부담을 덜어주고자 전문 상담 선생님을 초빙해 부모교육을 하거나 참여수업을 유도하기도 한다.

모래 놀이 상자를 이용한 부모상담은 부모님의 부담을 덜어줄 수 있는 방법의 하나다. 아이는 다양한 피규어를 가지고 모래 상자 안에서 놀이를 진행하고 상담가는 그 광경을 지켜보면서 놀이를 통한 아이의 발달 상황을 부모에게 전해 줄 수 있기 때문이다. 특히 이 경우 여러 명이 집단으로 할 수 있어서 개별적인 상담보다는 부모의 심적 부담이 줄어들 수 있다.

한편 상담을 하는 입장에서는 상담언어에도 민감해야 한다. 전문교육을 받은 교사로서 아이의 발달 상황에 맞는 전문용어를 쓰는 것이 좋다. 『선생님 전 이렇게 상담했어요』에 나오는 '상담하는 교사답게' 활용할 수 있는 용어는 다음과 같다.

영유아 행동상담을 위한 work-sheet

전문적이고 이론적인 언어표현을 찾아봅시다.

1. '~ 적'이라는 표현을 찾아봅시다.

예: 잘 뛰어놉니다.   매우 활동적입니다.

2. '~화'라는 표현을 찾아봅시다.

예: 매일매일 잘합니다.   생활화되었습니다.

3. '~감'이라는 표현을 찾아봅시다.

예: 조용히 노는 편입니다.   안정감 있는 어린입니다.

4. '~성'이라는 표현을 찾아봅시다.

예: 얌전합니다.   내향성을 가지고 있습니다.

5. '~력'이라는 표현을 찾아봅시다.

예: 아이의 그림은 특이합니다.   표현력이 상당히 좋습니다.

– 박근주 · 송원호 · 김연진, 『선생님 전 이렇게 상담했어요』

그러나 우리가 상담하는 과정에서 꼭 기억해야 할 것이 있다. '최후의 결정은 부모가 내리는 것이어야 한다.'는 점이다. '영유아가 필요로 하는 발달과업 및 요구사항은 매우 다양하며 해결방법 또한 매우 다양하다. 그러므로 교사는 영유아 문제에 대해 직접적 도움이 가능한 부모가 해결방안을 찾아갈 수 있도록 방향을 제시해 주는 안내자, 조력자로서의 해야 할 역할을 하는 것이 더욱 바람직하다.'는 점을 명심해야 할 것이다. 부모

당신의 책상 속에 육아의 답이 있다

또한 자신의 아이에 대해서만은 누구보다 자신이 제일 잘 아는 주양육자라는 것을 잊지 않아야 하겠다.

6
신학기 어린이집 적응 이렇게 준비해 보세요

인터넷에서 이런 글을 보았다. '어린이집 입학 D-30. 입학 전 엄마가 챙겨야 할 것들'이란 글이다. 그만큼 어린이집에 다니고 있는 아이들이 많다는 것이기도 하고 사회에서 중요한 일이 되었기 때문일 것이다. 아이들 보육은 한 마을이 아니라 한 국가가 아니라 전 세계, 전 우주적인 관점에서 지켜봐야 할 일이라 생각한다. 입학 전 엄마가 챙겨야 할 일은 총 다섯 가지다.

첫 번째는 '예비수업 참석하기'다. '아이와 함께 선생님과 인사를 나누고 어린이집을 한 바퀴 둘러보는 시간'을 말한다. 환경도 보고 아이를 맡아줄 선생님을 만나서 앞으로 아이가 어떤 교육을 받을 예정인지, 필요한 것은 무엇인지 상세히 들어봐야 한다. 우리 어린이집에서는 이런 점을 고려하여 면담을 시작할 때부터 부모가 아이를 데려올 것을 요청한다. 부모와의 면담뿐 아니라 아이와의 만남을 통해 부모님과 아이의 양육방식을 조금이나마 더 이해할 수 있기 때문이다.

두 번째는 '준비물 챙기기'다. 숟가락이나 칫솔, 이불, 컵, 여벌 옷 등에 대한 준비를 말한다. 준비물에는 반드시 이름표나 이름을 써서 보내라는 조언도 빠지지 않고 한다. 어린 나이일수록 이런 점들을 좀 더 고려해서 보내야 한다. 높은 연령의 아이들은 문자를 읽는 아이들도 있으므로 수월하지만 어린 나이의 경우 선생님의 손을 거쳐야 하는 부분이 많다. 이름표를 붙여 주면 아이를 도와야 하는 선생님도 정리해야 하는 아이도 훨씬 수월해진다.

셋째는 '증명사진 찍기'가 있다. 입학원서 등에 필요한 사진을 말한다. 우리 어린이집에서는 가족사진을 한 장 준비하라고 한다. 아이가 적응할 때 엄마나 아빠의 사진 혹은 가족 전체의 사진을 붙여 주면 심리적 안정에 도움이 되기 때문이다. 아이가 어린이집 사물함 등에 붙여서 사용할 사진은 입학식 날 어린이집에서 직접 찍어 준다. 파일은 컴퓨터에 저장해서 필요할 때마다 출력해서 아이 신발장, 책상 사물함 등에 사진을 붙여 주고 두고두고 활용할 수 있다. 첫날 찍은 사진은 아이가 어린이집을 떠날 때 앨범에 넣어준다.

넷째는 '예방접종하기 및 면역력 키우기'다. 어린이집은 단체 생활을 하는 곳이라 위생에 철저하게 신경 써야 하는 곳이다. 입학 시 예방접종 증명서를 제출해야 하고 건강검진 확인서를 서류화해서 비치해 두어야 할 의무가 있는 곳이라 꼭 준비해 주어야 한다. 소아청소년과를 방문해서 상담해도 좋다. 그리고 면역력 키우기에는 늘 집에서 생활했다면 조금씩 바깥나들이도 가보는 것이 좋다. 유모차에만 태웠다면 걷기를 할 기회를 많이 주는 것이 좋다. 어린이집에 오면 산책하러 나가고 바깥나들이도 조금씩 시작하기 때문에 연습해 놓으면 더 즐겁게 생활할 수 있다.

당신의 책상 속에 육아의 답이 있다

마지막으로 어린이집 적응을 돕는 그림책을 소개해 본다. 요즘은 어린이집 일상에 맞는 그림책이 제법 나와 있어서 용이하게 쉽게 활용할 수 있다. 특히 다음세대 출판사에서 나온 책들은 어린이집 일과 및 적응과정에 큰 도움이 되는 책들로 구성되어 있다. '어린이집 적응을 돕는 우리 아이 첫 그림책' 시리즈다. 『어린이집이 좋아요』, 『선생님이 좋아요』, 『어린이집에서 놀아요』, 『어린이집에 왔어요』 등으로 구성되어 점차 환경에 적응할 수 있는 과정이 그림으로 잘 구성되어 있다. 그다음 단계로 갓 적응을 시작한 아이가 엄마와 분리되는 과정을 담은 『엄마 다녀오세요』, 그리고 시간을 늘려 낮잠을 자고 가는 아이를 위해 『낮잠을 자요』 등도 그 구성이 탄탄하고 생생한 그림이 그려져 있어 이해를 돕는다. 식생활 적응을 돕는 『맛있게 먹어요』 책도 도움이 된다. 신학기 아이들 적응을 돕는 데 많은 도움을 주는 책들이라 추천해 본다.

7

아이들을 이해하는 키워드 '동심'

"소시지, 채소, 고기랑 맛있게 먹었답니다."
어린이집에서 견학 가면서 준비한 음식을 먹은 아이가 엄마에게 전달한 말이다. 소고기 주먹밥을 먹고 김밥을 먹은 아이는 자신이 보고 먹었던 음식에 대한 생각을 이토록 입체감 있게 설명하고 있다. 얘기를 전해

듣고 이상교 시인의 「김밥」이란 동시가 생각났다.

하얀 밥

분홍 소시지

노란 단무지

초록 시금치

노르스름 계란말이

까만 김 한 장이

도르르르 안아 주었어요.

『소리가 들리는 동시집』에 실린 동시다. 제목처럼 언어로 표현해내는 소리가 들리는 동시들이 가득 들어 있다. 특히 유아기 아이들을 대상으로 한 동시가 많지 않은데 이 동시집은 아이들과 말놀이를 할 수 있는 재료들이 많이 들어 있다.

동시집에 실린 '잘 잤니?'라는 동시를 보면 아이들과 금방 활용할 수 있다. '짹짹짹 참새야, 잘 잤니? 방글방글 꽃아, 잘 잤니? 멍멍멍멍 강아지야, 잘 잤니?' 등 동시 그 자체로 아이들과 말놀이를 할 수 있어 참 좋다. 가끔 아이들을 데리고 산책을 나서면서 이 동시를 아이들과 활용하곤 한다. '참새야, 잘 잤니? 꽃아, 잘 잤니?'라고 동시에 나온 것처럼 인사를 건네는 거다.

아이들은 물활론적인 사고를 하는 것이 특징이다. 아이들에게 모든 사물은 살아서 움직이고 생각하는 존재다. 자신과 동일시한다. 자신과 같

당신의 책상 속에 육아의 답이 있다

은 생각을 할 거라고 상상한다. 이것을 동심이라고 표현해도 무방할 것이다. 물활론이란 '모든 물질은 생명이나 혼, 마음을 가지고 있다고 믿는 자연관인 범심론'의 한 형태로 그리스의 탈레스, 독일의 헤겔 등이 주장했다. 물질을 단순히 생명이 없는 무기적인 것으로 보지 않고 물질 자체에 생명 또는 영혼이 있다고 주장한다.

특히 전조작기의 아이들 즉, 2~5세 아이들은 물활론적인 사고를 한다. 이 시기의 아이들은 눈에 보이지 않는 사물이나 행동을 표상하기 시작한다. 이 시기 어린이 눈높이에는 비언어적인 상징 행동이 많이 나타난다. 이를테면 베개를 업고 다니기도 하고 팔에 안고 잠재우는 시늉을 한다. 생물과 무생물의 구별이 없는데 대개 생명이 없는 대상에게 생명의 감정을 부여하는 물활론적인 사고를 한다. 그러므로 어른들 또한 아이들을 이해하기 위해서는 물활론적인 사고 즉, '동심'을 결코 잃어서는 안 되는 것이다. '동심'을 잃은 시인은 이미 시인이 아닌 것처럼 말이다.

내가 불교 경전 중 가장 좋아하는 『금강경』에 이런 구절이 있다.

존재하는 모든 중생의 종류, 즉 알로 나는 것, 태로 나는 것, 습기로 나는 것, 화하여 나는 것, 빛이 있는 것, 빛이 없는 것, 생각이 있는 것, 생각이 없는 것, 생각이 있는 것도 아니고 생각이 없는 것도 아닌 것

한 번씩 암송해 보면서 그 심오한 내용에 잠시 숙연해지곤 한다. 아이의 마음 즉, '동심'이란 바로 이런 것이 아닐까 생각하게 된다. 동심童心은

곧 '어린아이의 마음'으로 아이들의 키워드는 '동심'이 될 수밖에 없을 것이다.

8
어린이집은 '무엇'이 아닌 '어떻게'를 배우는 곳

유치원 생활에서는 과목의 개념으로 설명될 수 없는 교육 내용이 많이 들어 있습니다. 선생님을 대할 때 공손하게 행동하면서 친밀한 관계 맺기, 아이들과 어울려 놀다가 생기는 싸움을 잘 해결해 나가기, 다른 사람과 어울리다 보면 내 마음대로 할 수 없는 일이 있다는 것 알기, 밥 먹고 화장실 가는 등 기본적으로 생활에 필요한 일들은 어른의 도움이 없이도 할 수 있도록 배워가기… 이런 것들을 과목으로 이름 지어줄 수 없기 때문이다. 어른들에게 유치원의 교육 내용을 설명하기가 여간 어려운 것이 아닙니다.
— 박상미, 『아이는 유치원에서 세상을 배운다』

예전에는 유치원이 아이에게 사회경험을 할 수 있는 하는 첫 기관이었다면 지금은 상황이 많이 달라졌다. 아이들이 어린이집을 오는 나이가 많이 낮아졌다. 아이들이 첫 세상을 경험하는 곳으로는 어린이집을 꼽아도 될 것이다.

당신의 책장 속에 육아의 답이 있다

유치원과 마찬가지로 어린이집에서도 어떤 과목의 개념이 아니라 일상생활 속에서 이뤄지는 일들을 경험하고 배우게 된다. 선생님뿐 아니라 어른을 대할 때 공손하고 친근한 관계 맺기를 시작으로 또래 아이들과 어울려 재밌게 놀기, 다툼이 일어났을 때 해결하기, 다른 아이들과 어울리면서 내 마음대로 다할 수 없다는 것 알기, 화장실 사용법, 손 씻기, 밥 먹기 등등 일상에서 우리 생활에 필요한 행동들을 어떻게 하는지 알아 가는 곳이다.

첫 번째 만나는 기관은 아이들이 태어나서 자신만의 사생활이 처음 이루어지는 곳이기도 하다. 아이는 태어나면 '나'를 둘러싼 주변에 엄마와 아빠, 할머니, 형, 누나 등 몇몇 사람들과 함께 생활하거나 자주 만나는 경험을 한다. 그러므로 유치원이나 어린이집에 다니는 일은 이런 아이들이 '처음으로 가정이 아닌 곳에 소속되는 경험'을 하게 된다는 의미다. 처음 경험하는 사회생활인 것이다.

낯선 공간이 점점 '나의 교실, 나의 유치원 혹은 어린이집'이 되고 처음 보는 사람이 '우리 선생님, 우리 원장님'이 되며 또래 아이들이 '내 친구'가 된다. 그리고 처음에는 낯설던 많은 것들을 점점 자신의 것으로 받아들여지기 시작하고 경험이 누적되는 것이다. 아이들은 처음에는 다양하게 반응하지만, 그 가운데서 자신에게 알맞은 정도와 속도로 결국은 적응하게 된다. 이처럼 처음 기관에 적응하는 단계를 성인으로 치면 외국에 가서 사는 데 비유하기도 한다.

어른들이 처음 사회생활을 시작하고 이사를 하고 여행을 하면서 경험하는 감정을 아이들도 느낀다. 어린이집이나 유치원이란 집과는 다소 다른 낯선 환경에서 자주 접하지 못한 아이들과의 만남은 어색하고 익숙하지 않다. 어떤 행동은 하지 말아야 하고 어떤 규칙은 꼭 지켜야 한다. 아이들이 이런 물리적, 정신적인 변화에 적응하기는 결코 쉽지 않다.

그러기에 이런 여러 가지 생활의 변화에 잘 적응해 본 아이들이라면 이 시기를 지나 인생에서 만나게 되는 초등학교 입학이나 졸업, 취업 그리고 결혼이라는 변화들 앞에서 더 자연스럽게 적응해 가게 될 수 있다. 아이는 각기 다른 방식으로 각기 다른 기간 동안 적응해 갈 것이고 이때 어른들은 이런 아이를 응원해야 한다. 교육은 '백년대계'라던가 '첫 단추를 잘 끼워야 한다.'는 속담은 여기서도 유효하다.

9
요즘 방송에서 이런 광고 들어 보셨나요?

요즘 TV와 라디오 방송에 이런 광고가 있다.

아빠는 나를 좋아합니다. 말을 잘 들을 때만. 엄마는 나를 사랑합니다. 기분이 좋을 때만. 엄마 아빠는 나를 예뻐합니다. 남들이 볼 때만.

요즘 가정 폭력이 이슈가 되어 급기야 이런 광고까지 등장하게 되었다. 마음이 착잡하다. 아이를 이해하지 못하고 어른의 입장에서 나온 행동의 결과다. 아이의 상황을 정확하게 알고 시기적절하게 대처할 수 있다면 더 나은 환경에서 아이들이 성장하지 않을까?

매년 6월 중순, 어린이집에서는 상반기 학부모 개별 면담을 진행한다. 교사와 부모가 일대일로 대면하여 아이에 대한 생활과 활동 등에 대한 의견을 교환함으로써 더 나은 보육을 하기 위한 취지다. 면담을 통해 교사는 부모와 친밀감을 형성하고 서로 영아 보육에 필요한 정보를 교환할 수 있다. 또한, 부모는 자녀에 대한 이해를 높일 수 있으며 교사는 양육방법이나 가정환경을 이해함으로써 아이를 더욱 잘 이해할 수 있게 된다.

면담은 주로 관찰 기록이나 아이의 활동, 결과물, 신체 측정 결과 등을 토대로 진행하고 면담 결과는 정확히 기록하여 보관해둔다. 부모가 가장 궁금해하는 부분에 대한 의견을 받고 그 의견을 토대로 진행하며 20분에서 30분 정도 소요된다. 물론 학부모 입장에서 이런 면담을 반기는 경우도 있고 다소 부담스러워 하시는 분들도 있다.

어린이집에서는 1년에 2회 정도 부모님과의 면담 시간을 가진다. 첫번째 면담은 주로 학기 초에 이루어지는데 이때는 아이가 어린이집이나 유치원 등에 어떻게 적응하는지 가정에서의 생활은 어떠한지에 대하여 대화를 나누게 된다. 두 번째 면담은 2학기가 시작된 후 이루어지는데 이때는 교사가 기관에서의 아이의 생활과 변화 등에 대해 면담하게 된다.

교사는 '대본 없는 일일상황역할극 배우'라고도 한다. 아이들은 하루가 다르게 성장하고 모두가 개성 있는 존재기에 그 개별성을 존중하면서 보육하는 일은 절대 쉽지 않다는 것을 간접적으로 표현한 말이다. 그러므로 아이들의 다양성을 인정하는 보육이 되기 위해서는 부모님들의 적극

적인 협조가 필요하다. 이런 일련의 프로그램들을 통한 가정과의 연계가
균형 있는 보육으로 이어진다.

10
의심하기 전에 물어봐 주세요

어린 나이일수록 어린이집에 아이를 보내는 부모는 걱정이 많다. 아이가 의사전달이 잘 안 되기 때문에 더욱 그런 것이다. 교사의 말을 믿기보나는 아직 상황판단이 미숙하거나 의사전달을 제대로 하지 않는 아이를 데리고 유도 질문을 하는 경우도 있다 아이들은 부모가 원하는 대답을 하기 쉽다. "오늘 이런 일이 있었어?"라고 물어본다면 틀림없이 "응."이라고 대답하기 쉽다는 것이다.

어린 나이의 아이들은 깊이 생각하고 말하지 않을 뿐 아니라 문장을 만들어 전달하기 위해 알고 있는 단어 수 자체가 적다. 그럴 때 "선생님이 때렸어?"라고 묻거나 "친구가 때렸어?"라고 물을 경우 십중팔구는 "응."이라고 대답할 것이다.

똑같은 상황에 대해 시차를 두고 물었을 때 대답이 다르기도 하다. 또한, 조금만 자라도 자신이 불리하거나 잘못한 것은 하지 않았다고 할 때도 있다. 그것은 아이들이 나빠서 그런 것이 아니라 아이들도 혼날 것이 두렵기 때문이다. 그렇다고 아이를 다 믿지 말라는 것이 아니라 전달이

당신의 책상 속에 육아의 답이 있다

잘 못될 수도 있으니 꼭 교사에게 궁금한 것은 미리 물어보는 것이 좋다는 이야기다. 전후 상황이 빠진 내용이 전달될 경우 오해의 여지가 많기 때문이다.

어린이집과 소통하는 방법에는 여러 가지가 있다. 문자를 주고받거나 전화를 수시로 하고 가정통신문을 활용하기 때문에 수시로 아이들의 활동을 점검해 볼 수 있다. 그러나 어린이집에서의 몇몇 불미스러운 일들로 언론이 떠들썩해지면 부모 마음이 불안해하는 것 또한 사실이다. 그럴 때 조금이라도 마음이 편치 않을 경우 어린이집으로 전화하거나 물어보는 것이 좋다.

교사들도 완전한 존재가 아니므로 혹여 아이들에게 자신도 모르게 상처가 되는 말이나 오해의 소지를 남길 수 있는 행동을 할 수 있기 때문이다. 바로 전화 등을 통해 문의해 준다면 다음번에는 그런 오해의 소지를 남기지 않도록 참고할 수 있고 더 좋은 환경을 만들 수 있다. 그래서 어린이집 입장에서 이런 전화나 문의는 도리어 감사하게 생각된다.

어린이집에 이런저런 것을 물어보면 교사가 아이를 차별할까 봐 말 못한다는 분도 있다. 그러나 해야 할 말을 못하거나 궁금한 것이 있는데 물어보지 못하고 마음속에 담아 둔다면 더 불편한 관계가 될 수 있다. 부모님 표정에 은연중 나타나기도 하고 뭔가 서로가 불편함을 가지고 있다는 느낌을 교사도 아이도 가질 수 있기 때문이다. 이런 경우 피해는 고스란히 아이에게 가게 된다.

『우리 아이 맞춤 유치원 찾기』에 나오는 '교사가 좋아하는 베스트 부모님'을 보면 첫째, 교사를 존중하는 부모다. 둘째, 마음에 담아두기보다는 표현해 주는 부모를 좋아한다. 셋째, 어린이집 행사에 적극적으로 참여하는 부모님을 좋아한다고 한다.

"의심하기 전에 물어봐 주세요!" 이것이 우리 아이들을 위한 어른들의 작은 배려의 시작이 될 것이다.

11
어린이집에서 하는 행동과 집에서의 행동이 다르다면?

가끔 어린이집에 오는 아이들의 부모님과 이야기를 하다 보면 어린이집에서 아이를 파악하고 있는 것과 주 양육자인 엄마나 아빠가 아이를 파악하고 있는 것이 다를 경우가 있다. 그럴 경우 아이의 문제를 대처하는 방법을 찾는 과정에 어려움이 있을 수 있고 케어를 하는 관점을 서로 맞추는 것에 대한 어려움도 있다. 『엄마만 느끼는 육아감정』이란 책을 쓴 정우열은 이 문제를 '확증 편향 오류'라는 전문용어로 설명하고 있다.

부모는 아이를 자신과 동일시하기 쉽기 때문에 아이 일에 객관적이기가 어렵다. 보통 아이가 집에서 보이는 모습과 어린이집에서 보이는 모습은 참 다르다. 한 예로, 학부모 개인 상담 시간에 아이가 다른 아이들보다 수줍음을 많이 타고 조용한 편이라는 이야기를 들은 엄마가 집에서는 늘 활발하고 소란스러운 모습을 보이기 때문에 그

당신의 책상 속에 육아의 답이 있다

릴 리가 없다며 선생님의 말을 받아들이기 어려워한다. 사실 그 엄마는 자신이 수줍음이 많고 조용한 성격이어서 그로 인한 아쉬움이 많아 우리 아이는 그러지 않길 바라며 키우고 있었기 때문에 모를 수밖에 없다. 이런 상황을 '확증 편향 오류'라고 한다. 어떤 가설이 주어지면 그것이 맞다는 증거를 찾는 데 몰입해 자신의 판단이나 바람과 일치하는 정보만 받아들이고, 그것과 반대되는 정보는 무시하거나 왜곡하는 것이다.

— 정우열, 『엄마만 느끼는 육아감정』

'확증 편향 오류'란 것은 부모가 기대하는 아이로 성장하길 바라는 마음이 들어 있고 자신이 보고 싶은 대로 본다는 이야기가 된다. 그러므로 자신이 보고 싶지 않은 행동 등은 무시하기 때문에 보지 못하고 놓치거나 그에 대해 동의를 하지 않는 것이라 할 수 있다. 그러므로 어린이집에서의 교사의 의견 등에 동의하기도 어려운 것이다. 어린이집에서도 부모의 의견이 완강할 때는 가정에서의 행동을 직접 확인하기가 어려우므로 어떤 대안을 세우기가 쉽지 않아 어려움을 겪는다. 그럴 경우 보다 객관적이고 전문적인 방법을 찾기 위해 부모가 동의한다면 전문 상담가를 소개하기도 한다.

그러나 대부분 '상담'이라고 하면 무조건 무언가 문제가 있어서 하는 것이라 부담으로 여기는 경우가 더 많다. 그런 부모님들의 마음을 배려하기 위해 때로는 전문 상담가를 부모교육에 초빙하여 자연스럽게 양육에 대한 어려움을 토로하고 조언을 구하는 시간을 가진다. 익숙한 사람에게는 좀 더 쉽게 상담을 받을 수 있으리라는 배려에서다.

몇 년 전까지만 해도 아이의 문제 행동에 대해 상담을 하는 것은 참으로 쉽지 않은 일이었다. 자칫 아이를 '이상한 아이' 취급한다는 비난을 감수해야 하기도 하고 화를 내는 부모도 있었다. 요즘은 인터넷 등의 발달 등으로 그러한 일은 줄어들었으나 역시 가정에서의 아이의 행동과 기관에서의 행동을 다르게 이해할 경우 그 격차를 줄이는 방법은 여전히 어렵다.

12
이름을 부르는 것은 존재를 묻는 일

이름을 부르는 것은 한 사람이 거기에 존재하는지 존재하지 않는지를 묻는 일이다. "당신은 당신으로서 이 세계에 정말 존재합니까?"라는 물음에 "네."라고 대답하는 것은, "나는 나로서 분명히 이 세계에 존재합니다."라고 선언하는 일이다.
– 하레사쿠 마사히데, 『나를 살리는 말』

하레사쿠 마사히데라는 신부님이 쓴 책 『나를 살리는 말』에 실린 글이다. 책에는 다양한 이야기가 나온다. '나를 살리는' 말들이 그것이다. '뭔가를 시작할 때', '누구를 만날 때', '누군가를 사랑할 때' 등 여러 상황에서

도움이 되는 한마디를 차분하게 소개하고 있다. '이름을 부르는 것'에 대한 단상이 가장 마음에 와 닿았던 것은 늘 부르는 아이들의 '출석'에 대해 다시 생각할 기회를 준 까닭이다.

출석확인은 단순하게 반복하는 것처럼 보이지만 그 안에는 뭔가 심오한 깨달음이 있다고 한다. 이름을 부르고 대답하는 가운데 인간 존재의 본질이 숨겨있다는 것이다. 대답하는 목소리에 따라서 상대방이 자신의 존재를 어떻게 느끼느냐가 전해진다는 것이다. 대답하는 그 순간에도 대답하는 사람의 내면이 그대로 드러나고, 대답하는 사람이 정말 자신의 존재를 받아들이고 있느냐 아니냐에 따라 대답의 질이 결정적으로 바뀌게 된다는 점은 눈여겨 볼만하다.

어린이집에서도 아이들이 아침에 등원하면 간식을 먹은 후 아침 인사를 한다. 그럴 때 아이들의 이름이 적힌 '이름 카드'를 넘겨 가면서 한명 한명 이름을 부르게 된다. 그러면 아이들은 자신의 이름이 불릴 때 큰 소리로 또렷하게 "네"라고 대답한다. 때론 손을 들며 대답하기도 한다. 이름을 불러주며 출석을 체크하는 일은 아주 어린아이도 경험한다. 그럴 때 아이들이 설령 자신의 이름을 듣고 소리 내어 "네"라고 대답을 할 수는 없더라도 교사와 눈을 마주치는 것으로 대답을 대신한다.

이때 아이들의 표정은 실로 비장하리만치 진중하다. 언어가 아직 미숙한 아이들도 자신의 이름이 불리기를 기다리며 친구의 대답을 듣는다. 자신의 이름이 불리는 순간, 아이는 스스로 대답하며 자신의 존재가치를 확인한다. 오늘의 기분이, 내면 상태가 어떠하다는 것을 굳이 설명하지 않아도 된다. 자신의 이름을 듣고 대답하는 행위에서 이미 그 내면 상태를 드러내기 때문이다.

자신의 존재를 절대적으로 긍정하며 대답하는 것은 매우 용기가 필요한 일이라고 한다. 출석 확인 때 "네"하고 분명하게 대답하는 행위는 이름을 불리는 자신의 존재가치를 확인하는 순간이 된다. 그러니 출석을 부르는 작은 행위 하나에도 어찌 소홀할 수 있겠는가. 나이가 어린아이들일수록 순수하기에 그 의미는 더 크게 다가올 것이다. 습관적으로 불렀던 이름에 대해 지금부터는 좀 더 의미를 담아 불러보자. "○○야~"라고 이름을 불리는 아이가 그 자신의 존재를 전 우주적으로 크게 느낄 수 있도록.

13
'나눌 줄 아는 습관'은 어릴 적부터 길러주자!

언젠가 '사회복지 지역사회 협의체'라는 단체의 시상식에 참여해 보육 분과를 대표해 표창을 받았다. 어린이집을 운영하면서 지역사회와 연계한 자원봉사와 나눔을 실천했던 점이 반영된 것 같다.

7년 동안 지역에 있는 '노인주간센터'에 한 달에 한 번 어린이집 아이들과 방문하여 나눔과 봉사에 참여할 수 있었다. 어린이집 프로그램을 어르신들에게도 적용하여 아이들과 함께 만들기 등 여러 체험을 함께할 수 있는 기회를 가졌다.

당신의 책상 속에 육아의 답이 있다

'노인과 아동'은 닮았다. 순수한 동심이 있다는 것과 보살핌이 필요하다는 점에서 특히 더 그렇다. 그래서 어린이를 위한 프로그램은 곧 어르신들을 위한 프로그램으로 전환할 수 있었다.

어르신들은 마음이 아이들 마음과 비슷해서 아이들이 좋아하는 것을 같이 좋아한다. 그래서 아이들과 했던 색종이 접기, 그림책 읽어주기, 생태놀이 중 '손수건 풀물들이기', 여름에는 손톱에 '봉숭아 꽃물들이기' 등을 아이들과 함께하도록 했다. 명절이 있는 달에는 어린이집 아이들처럼 '떡 만들기'를 했다. 어린이집 재롱 잔치 등을 준비하면서 배웠던 율동이나 노래를 어르신들 앞에서 뽐내 보이기도 했다.

어르신들은 어린이집 아이들의 맑고 순수한 모습이 그리 예쁘고 기다려진다고 했다. '까르르' 한 번 웃을 때마다 어르신들의 얼굴에도 미소가 함박 퍼졌다. 아이들이 가진 것, 바로 '동심'을 나눴던 것이다. 그리고 그 시간을 통해 어른과 아이가 소통하고 교감할 수 있는 기회를 갖게 되었다. 나눔은 꼭 무언가 거창한 것을 의미하지 않는다. 누구나 할 수 있는 것이다.

주변에 나눔을 실천할 수 있는 후원단체와 연계도 가능하다. 아이들 이름으로 기부단체를 통해 일정한 금액을 기부할 수 있는 기회를 제공하기도 하고 집에서 쓰지 않는 물건을 모아 아이들과 방문하여 전달해 주는 경험도 좋다. 우리 어린이집은 매년 어린이재단과 아름다운 가게와 연계하여 기부하고 기증을 하는 행사를 진행한다.

『탈무드』에서는 선행을 매우 강조한다. 유태인 아이들은 어린 시절부터 선행에 대한 교육을 받는다. 그들은 자녀에게 선행에 관해서 이렇게 설명하고 있다.

> 처음의 친구는 재산이다. 그러나 아무리 친해도 죽을 때는 가지고
> 갈 수 없다. 두 번째 친구는 친척인데, 그 역시 거의 무덤까지 갈 뿐
> 이다. 최후까지 함께 갈 수 있는 친구는 선행이다. 평소에는 눈에 띄
> 지 않지만 죽음 이후에는 남는 것은 선행뿐이다.

『부모라면 유대인처럼 하브루타로 교육하라』에 따르면 유대인들은
'부나 자선은 남에게 내세울 만한 자랑거리가 아니다.'고 말한다고 한다.
당연히 해야 하는 종교적 의무이기 때문이다. 다른 사람에게 친절을 베푸
는 깃을 하나님의 명령이라고 생각한다. 실천에는 다음과 같은 단계가 있
다고 한다. 단계가 높을수록 더 훌륭한 선행과 나눔이 되는 것은 물론이
다. 물론 유대인은 아이가 높은 단계의 선행을 하도록 가르친다.

1. 아까워하면서 주는 것
2. 줄 수 있는 것보다 덜 주지만 즐겁게 주는 것
3. 달라고 해서 주는 것
4. 달라고 하기 전에 주는 것
5. 주는 자가 누구인지 알 수 있도록 받는 자에게 주는 것
6. 주는 자는 받는 자가 누구인지 알지만 받는 자는 모르게 주는 것
7. 쌍방이 서로 모르면서 주고받는 것
8. 받는 사람이 자립할 수 있도록 도와주는 것

당신의 책상 속에 육아의 답이 있다

유대인은 가능한 익명으로 자선하는 것이 좋다고 여긴다. 최고의 자선 행위는 누군가 자기 도움을 받아 스스로 독립, 또 다른 사람을 돕도록 해 주는 것이다. '식량을 주는 것보다 식량을 스스로 해결하는 방법'을 가르쳐주는 것이 최고의 자선인 셈이다. 유대인은 공부도 자연스럽게 자선이라는 행동으로 연결한다. '배워서 남 주기'를 실천하는 것이다.

아이들은 일상이 나눔을 배우는 일이다. 내가 좋아하는 과자를 친구에게 나눠주고 좋아하는 장난감을 친구와 나눠서 가지고 놀고 좋아하는 놀이에 친구를 불러서 함께 논다. 친구가 아프면 같이 아파하면서 '호호' 불어주고 친구를 불편하게 했을 때는 '미안하다'고 자신의 감정을 나눌 줄 안다.

어린 시절 나눔에 대한 경험이 부족한 아이는 어른이 되어서도 나누기가 쉽지 않을 것이다. '나눔'도 역시 경험이고 기억이고 반복에서 나올 수 있기 때문이다. 주위에서 봉사와 나눔을 이야기할 때 흔히 들을 수 있는 말이 있다. '다음에 시간이 나면' 이나 혹은 '다음에 여유가 있을 때'라는 말이다. 현재 할 수 없는 일들은 나중에도 되지 않을 확률이 높다. 하루하루가 모여 미래 된다. 그러므로 오늘, 지금 이 순간 나눔을 실천할 때 미래에도 나눔을 실천할 수 있을 것이다.

Part 2

부모의
마음가짐은
중요하다

14

'호칭의 심리학'이란?

'호칭의 심리학'이란 것이 있다. 흔히 우리가 말하는 '자리가 사람을 만든다'라는 말과 비슷하다. 호칭이 사람을, 그 사람의 역할을 만든다는 것이다. 자리가 변하면 거기에 맞는 역할이 생긴다. 부모도 그렇다. 부모가 된다는 것은 그에 맞는 역할 변화를 의미한다. 그런데 자리는 변했지만, 생각은 그 이전 상태에 그대로 멈춰 있는 경우를 종종 보게 된다. 부모가 된 사람들의 호칭도 그렇다.

결혼한다는 것은 새로운 관계가 생기는 것이다. 그리고 전에 맺었던 관계의 변화를 의미한다. 변화의 흐름을 타야만 앞으로 나아갈 수 있다. 즉 바람직한 방향으로 성장할 수 있다는 것이다. 『가족력』의 저자 김성은은 요즘 부모들의 호칭의 심리학에 대해서 이렇게 설명하고 있다.

결혼 전에 불렀던 호칭들이 있습니다. ○○씨, 오빠, 선배, 야!! 등등. 여자는 연상의 남자를 '오빠'라고 부르고, 남자는 연상의 여자를 '누나'라고 부릅니다. 관계가 진전되면 남자들은 '힘의 균형을 찾으려는 무의식적인 발로'로 '○○씨'라고 이름을 부르고 여자들은 결혼 후 아이를 낳고서도 '오빠' 호칭을 유지하기도 하지요. 이 '오빠' 호칭은 '보호자 역할'을 요구하는 무의식적인 표현입니다. 아이가 태어나고도 이 호칭을 쓴다면 어떤 관계를 지칭하는지 아이들에게도 혼란을 주지요. (…)

호칭과 더불어 관계를 특별하게 규정하는 것 중 하나는 어투입니다. 서로 존중의 표현을 해야 합니다. 존댓말도 좋습니다. 말을 놓기 시작하면 대체로 나이가 많거나 주도성이 강한 배우자가 명령조 혹은 함부로 말할 가능성이 큽니다. 반말을 쓰더라도 존중된 표현을 사용해야 합니다. 어떤 집은 부부싸움을 할 때만 '존댓말'을 하기로 했답니다. 이것도 좋은 것 같습니다. 갈등 상황일 때 좀 더 조심할 필요가 있습니다.

– 김성은, 『가족력』

서로가 부르는 호칭 속에서 그 사람의 심리를 유추해 볼 때가 있다. 가끔 '부모 되기를 스스로 거부하는' 것과 같은 느낌을 주는 호칭이 있다. 부모가 되기 전 둘 만의 연애 시절에 불렀던 '오빠'라는 호칭을 아이 옆에서 너무나 자연스럽게 쓰는 경우이다. 아이가 커서 초등학생이 되었는데도 여전히 엄마 아빠 서로의 호칭은 연애 시절의 '오빠'다. 왜 그렇게 부르냐고 물어보면 '아이 아빠가 그렇게 불리는 것'을 더 좋아한다고 대답한다.

연애 시절과 달리 지금은 서로의 역할이 변했고 환경이 변했는데도 말이다. 급기야 아이가 아빠를 '엄마의 오빠'라고 말하는 경우도 있다. 아이의 눈을 통해 부모인 자신의 모습을 반추해 봐야 한다. 삼촌은 삼촌이고 오빠는 오빠, 아빠는 아빠이다. 호칭이 자신을 규정한다. 자신의 이름이 사회에서 인정받는 자신을 규정하는 것과 마찬가지로 호칭은 단순한 호칭이 아니라 그 호칭에 맞는 역할과 책임을 의미한다. 아이 앞에서 부부간의 호칭을 조심해야 하는 이유다.

15
333 치유호흡으로 마음속의 분노를 치유하라

'고도원의 아침편지'를 메일링으로 받아 본다. 어느 날은 '333 녹색호흡'이라는 호흡법을 소개하고 있었다. '333 녹색호흡'이란 처음에 코로 큰 숨을 들이마시고 입을 벌려 하~~~하고 길고 깊고 고요하게 세 번 반복한다. 이어서 다시 큰 숨을 들이마시고 이와 이 사이로 쓰~~~, 역시 세 번 반복한 뒤, 다시 큰 숨을 들이마시고 엄~~~, 세 번 반복하면 1세트가 끝난다. 이렇게 3세트를 이어서 하면 몸과 마음이 안정되고 혈압도 내려간다는 것이다.

『내 안의 코뿔소』라는 책은 독일의 중견 기자이자 작가인 올리버 반틀레가 쓴 성장소설풍 우화다. 노자 사상의 핵심 메시지, 불교적 깨달음, 명상과 선 등 동양의 정신세계를 아울러서 '내 마음의 비밀'을 하나씩 발견하고 찾아가는 과정을 그리고 있다. 할아버지 코뿔소와 손자 코뿔소를 통해 동화처럼 쉽게 써 놓아서 어렵지 않게 읽을 수 있다.

"다시는 분노하지 않는 법을 배울 수 있다는 말인가요?"
"아니지. 분노하지 않는 것 자체만으로 의미가 없단다. 분노는 아주

값진 것이거든! 분노의 힘으로 너는 너 자신을 보호할 수 있단다. 가끔은 자기 앞을 막는 장애물을 옆으로 치우기 위해서 분노가 필요할 때도 있거든. (…) 치유호흡을 하게 되면 우리가 분노한 상태로 있는 시간을 스스로 조정할 수 있게 된단다."
– 올리버 반틀레, 『내 안의 코뿔소』

이 책에 나오는 코뿔소 할아버지가 손자에게 알려주는 치유호흡법은 간단하다. 분노를 일게 하는 조작된 환영을 마음 한가운데 넣어 그 환영을 마음 한가운데로 자리 잡게 한다. 자리 잡은 환영의 눈에서 나오는 빛을 상상하고 이 환영이 바뀌면 호흡을 통해 다시 밖으로 내보낸다. 엄마에게 화가 났다고 생각한다면 엄마의 화닌 환영을 마음 중앙에 넣은 후 엄마의 눈에서 나오는 빛을 상상한 후 변한 환영을 다시 호흡을 통해 밖으로 내보내는 것이다.

삶을 살아가며 분노하지 않을 수는 없다. 코뿔소 할아버지의 말처럼 분노하지 않는 것 자체만으로는 의미가 없다. 때때로 분노는 자신을 성장시키는 동력이 되기도 하기 때문이다.

어릴 적, 놀이를 하면서 '삼세 판'이란 말을 자주 쓰곤 했다. 게임을 할 때나 가위 보를 할 때 세 번은 해야 한다면서 우기던 기억도 있다. '333의 치유호흡법'은 어렵지 않고 쉽다. 세 번 숨을 들이마시고 내쉬면서 세 세트를 하면 되는 거니까 말이다. 코뿔소 할아버지가 코뿔소 손자에게 가르쳐준 방법도 세 단계를 거친다.

남을 미워하는 적개심의 뿌리는 남이 아니라 나의 내면에 있다고 한

당신의 책장 속에 육아의 답이 있다

다. 내가 남을 찌를 때 나의 칼은 나를 찌르고 내가 남을 욕할 때 나는 나를 모욕하고 내 마음은 늘 나의 칼에 찔려 피를 흘리고 내 마음은 나의 것이어서 나만의 지옥이라고 한다. 남을 들이받을 때 코뿔소의 뿔은 저 자신을 부수고 있다는 것이다. 내 안의 코뿔소는 나를 받고 그 뿔은 공격 무기지만 가장 슬프고 외로운 신체 부위다. 남을 향한 증오와 분노는 모두 내 마음에 쌓인다. '치유호흡'의 핵심은 여기에 있지 않나 생각한다. 내 분노의 마음자리를 알아가는 것. 그것을 들여다보고 밖으로 호흡과 함께 내보내는 것이 가장 중요하다.

16
아이는 엄마의 상처를 비춰주는 거울

아이는 엄마의 상처를 비춰주는 거울입니다.

푸름이 엄마라고 불리는 신영일 씨가 『엄마 마음』이라는 책에 쓴 말이다. 이 책에서는 '엄마가 화가 나는 이유'와 '아이의 화를 받아주지 못하는 이유'를 아주 쉽고 간단하게 잘 설명해 놓고 있다.

'육아란 버티는 것이다'라는 말도 있다. 부모도 인간이라 한계가 있기에 아이와의 어려운 시간을 버티는 것이 곧 양육이라고 말한다. 물론 '인간적으로 어른스럽게'라는 단서를 달았지만 말이다. '아이 때문에 미쳐

버리겠다.'고 절규하는 엄마들도 있다. 남자아이를 키우는 것은 더 어렵다는 하소연도 많다.

그런데 이렇게 '아이가 엄마를 미치게 하는 지점'에 대해서 가만히 잘 생각해 보면 그건 '아이가 엄마를 미치게 하는 것'이 아니라는 것이다. 엄마가 어릴 때 부모한테 받은 상처를 아이가 건드려서 화가 나는 것이다. 그러니 아이 측면에서 보면 '엄마가 아이를 미치게 하는 것'이라고 한다. 엄마가 아이로 인해 화가 났을 때는 '아이가 어떤 행동을 했을 때 미칠 것 같이 화가 나는지 내면을 잘 들여다보라'고 책에서는 말한다.

푸름이 엄마는 푸름이가 울 때면 화가 났다. 그것은 푸름이 엄마는 어린 시절, 울 때마다 부모한테 공감받지 못했기에 우는 아이의 마음에 어떻게 공감해 주고 달래줘야 하는지 몰라서 화가 난 것이었다. '울면 시끄럽다고 혼났고 나쁜 아이라는 취급을 당했으며 뚝 그치라고 위협을 당했으니 내 아이가 울다가 그치지 않으면 화가 치밀어 올랐던 것'이라고 한다. 슬픈 감정을 온전히 표현하지 못했던 상처받은 아이가 엄마 자신 안에 살고 있었기 때문이다.

어릴 때 울어도 달래줄 부모가 없고 혼낼 부모조차 없던 푸름이 엄마는 내면에 방치당한 상처가 있었고 아이가 울면 견디기 힘든 것이었다. 이런 경우 엄마는 자신도 모르게 아이에게 공감해 주지 않고 아이를 마냥 외롭게 만든다. 어릴 때 자신의 부모가 그랬던 것처럼 말이다. 푸름이 엄마는 아이가 자신에게 화를 내면 본인의 마음속에도 불같이 화가 치밀어 올랐고 같이 눈을 부라리며 화를 냈다고 한다. 그런 자신의 모습에서 어린 시절 조그만 자신에게 화를 내던 아버지의 눈동자를 본다. 이런 자신

당신의 책장 속에 육아의 답이 있다

의 모습을 스스로 돌아보고 깨닫게 되었을 때 얼마나 놀랐을까.

'나는 어렸을 때 아버지가 무서워서 화도 한번 못 냈는데 어디서 부모한테 화를 내고 있어!'라는 말이 엄마의 마음속에서 메아리친다고 한다. 그리고 자신의 아버지가 화를 낼 때 아이로서 두려웠던 감정이 떠오른다. 그러면 자신도 똑같이 아이를 화로 제압했다는 것이다. '슬픔은 상처를 치유하는 감정이다. 화는 자신을 지키는 감정이다. 우울해서 우울증이 생기는 것이 아니라 울지 못해서 우울증이 생기는 것'이라는 말이 가슴에 콕 박힌다. 흔히 옛 어른들에게 듣는 말이 있다. "쟤는 거저 컸어. 있는 듯 없는 듯 혼자서 컸어.'라는 말이다. 순한 아이는 있을 순 있지만 '거저 클 수 있는 아이'가 세상에 존재할까? 다만 어른들의 손길을 받지 못했기 때문은 아닐까?

어린이집에서 상담을 진행하다 보면 '어떻게 해야 할지 모르겠어요!'가 가장 많이 나오는 상담 주제다. 아이가 잘 지낼 때는 별문제가 없다. 힘들다고 호소하는 때는 아이가 울거나 화를 내거나 자지러질 때다. 이래도 안 되고 저래도 안 되고 도통 어떻게 해야 할지 모르겠다고 말한다. 상담하고 십 년을 넘게 현장에서 아이들을 지켜본 바로는 아이가 왜 그러는지 짐작이 가지만 상담만으로는 그 원인을 아주 정확하게 파악하는 데 한계가 있는 경우가 많다. 아이의 부모가 그 이유를 알아챌 때 그 문제가 비로소 해결된다. 부모의 준비가 필요하다는 것이다.

'사랑도 받아본 사람이 할 수 있다.'는 말이 있다. 육아, 아이를 돌보는 것도 돌봄을 받아 본 사람이 익숙하게 잘하는 모습을 많이 본다. 어릴 적 어떤 상처가 있었기에 '나는 그러지 말아야지, 우리 부모처럼 하지 말아야지.' 하면서 열심히 공부하는 부모도 있다. 노력은 가상하지만, 한계에 부딪히는 경우를 종종 본다. 사랑이나 돌봄을 책으로 다 배울 수는 없으므로 한계에 부딪히는 것이다. 그것들은 몸으로 체험하는 경험에서 우러나는 것이니까.

배우려 하기보다 아이의 목소리에 귀를 가만히 기울이고 관찰하는 모습에서부터 시작되어야 한다. 그리고 부모의 '자기치유'가 선행되어야 하는 경우가 많다. 자신의 상처를 덮어두고 아이를 위해 최선을 다하겠다는 것은 부모의 욕심일 수 있다. 아이의 마음이 기준이 아니라 자신이 받고 싶었던 돌봄이 기준이 되어 아이를 돌보기 때문에 아이도 부모에게 만족할 수 없다. "얘는 왜 이렇게 화를 내고 짜증을 자주 내는 거야!"라고 생각하기 전에 먼저 왜 자신이 그렇게 짜증이 났는지부터 돌아봐야 한다. 왜냐하면 '아이는 엄마의 상처를 비춰주는 거울'이니까.

화를 탓하지 마라.
다만 어떻게 생기고, 커지며 사라져 가는지
전 과정을 온전히 지켜보라.
– '행복한 아침을 여는 행복편지'

당신의 책장 속에 육아의 답이 있다

17

사랑은 자신에 대한 사랑을 남에게 전하는 것

부모의 무조건적인 사랑을 받지 못하고 자란 아이는 어른이 되어서도 사랑을 주는 방법을 모릅니다. 희생적이고 이기적이지 않은 사랑을 받고 자라지 못했기 때문입니다. 어렸을 때 부모에게 사랑을 받아본 적이 없는 아이들은 커서도 사랑을 베푸는 방법을 잘 몰라 사랑에 대한 장애를 안고 살아갑니다. (…) 결혼을 하고 아이를 낳았으면 부모 역할을 제대로 해야 하는데 어려서 배운 것이 없기 때문에 혼자서 고민하게 되고 부부 사이에 의견 충돌이 일어났을 때에도 대화나 소통하는 방법을 몰라 당황합니다. 부모에게서 배운 것이 없기 때문입니다.

– 김정한, 『내 마음 들여다보기』

사랑하는 능력의 발달사 맨 처음에는 대개 어머니라는 인물이 거론된다. '어머니에게 받은 사랑이 사랑하는 마음의 첫 싹들을 깨운다는 점에서 삶의 초기에 어머니란 상상도 못 할 정도로 큰 운명적 중요성'을 지닌다는 것은 그만큼 엄마와 신체적 정신적으로 가까이 있기 때문이다. 임신을 하고 엄마의 뱃속에서부터 아이는 엄마와 끊임없는 교감을 나눈 존재이고 태어나서 처음 만나는 사람 또한 엄마이기 때문이다. 그러므로 사랑과 애착을 논할 때 늘 엄마라는 이름이 따라다닌다. 학자들에 따르면 최소한 어린아이일 때는 누구나 어머니와의 긴밀한 연대감을 경험할 수 있어야 한다고 말을 하는 이유이기도 하다.

섬세하게 태어난 아이는 자신이 조건 없는 사랑을 받고 있다는 느낌을 맛보고 싶어 한다. 그리고 평생 그런 무조건성의 사랑을 기억하고 되돌아보며 모든 살아가는 과정에서 사랑받는 경험을 재발견하기를 희망한다. 아이는 태어나 초기에 어머니의 이미지와 본질을 모든 감각을 총동원해 내면에 받아들인다. 그리고 어머니를 기억 속에 각인, 어머니상이 좋았을 경우 아이는 자기가 사랑받을 만한 존재이고 자신의 사랑 능력 때문에 남들에게 중요한 존재가 될 수 있다는 확신을 하게 된다.

프리츠 리만이 쓴『사랑하는 능력』을 보면 어린 시절에 사랑받는 경험이 전혀 없거나 너무 적은 사람은 사랑하게 되는 것이 전혀 불가능하지는 않더라도 사랑받은 경험이 있는 사람보다 훨씬 더 힘들다고 한다. 사랑 또한 학습과 경험의 결과물이다. 저절로 사랑이 발현되는 것은 아닐 것이다. 음식을 먹어 본 사람이 그 음식을 찾고 그 맛을 기억하듯 좋은 사랑의 경험을 기억하는 사람이 긍정적인 사랑으로 다른 사람에게 베풀 수 있을 것이다. 그것은 자신이 사랑을 믿는 힘이 될 것이고 상대방을 믿는 힘이 될 것이다.

받아 본 적 없는 것을 주어야 할 때는 그 과정에서 많은 어려움을 겪게 될 것이다. 저자는 다른 사람을 사랑하는 능력의 첫 번째 조건으로 '스스로 자신을 사랑스럽게 느꼈던 경험'을 꼽고 있다. '사랑한다는 것은 원래 자신에 대한 사랑을 남에게 전하는 것을 뜻하기 때문'이라고 하는 말에는 크게 공감하게 된다.

18

아이의 마음을 치유하는 건 엄마다

아이의 마음을 치유하는 건, 심리치료실이 아니라 엄마다.

이것은 엄마에게 부담을 주려고 나온 문장만은 아니다. 『상처 주는 것도 습관이다』를 쓴 저자 이임숙은 상담전문가다. 또한, 아이 엄마기도 하다. 엄마로서의 경험과 상담현장에서의 사례를 바탕으로 글을 쓰고 있다. 그녀는 아이들이 몸을 다치는 것보다 훨씬 더 자주 마음의 상처를 받는다고 말한다. 그 중심에는 엄마가 있다. 가장 상처를 많이 주는 사람도 엄마이고 또 아이의 마음을 치유하는 최고의 치료사도 엄마라고 말한다. 그러므로 엄마가 상담의 비법을 조금만 알면 아이는 얼마든지 달라질 수 있다고 한다.

책에는 떼쓰고 고집부리고 화내고 반항하는 아이, 공격적인 아이, 주의집중이 어려운 아이, 친구 관계가 힘든 아이, 그리고 형제간의 다툼이 심한 아이, 우울하고 무기력한 아이와 소극적인 아이들의 이야기가 들어 있다. 여느 심리상담 책처럼 그에 대한 상호작용 기법과 다양한 활동들이 들어 있어 책을 읽는 부모들이 이해하기 쉽게 설명되어 있다.

가장 마음에 와 닿는 내용은 '우리 아이, 문제가 많은 걸까? 새롭게 기술을 배울 때일까?'라는 글이다. '사회성이 없는 것이 아니라, 친구 사귀는 법을 배울 때이다. 친구를 때리는 게 문제가 아니라, 화났을 때 말로 표현하는 방법을 배울 때이다. 물건을 훔치는 문제가 있는 것이 아니라,

필요한 걸 말로 요구하거나 정당하게 얻는 방법을 배울 때가 된 것이다.'
라고 표현해 놓은 내용이 무척 마음에 들었다.

핀란드의 정신과 의사이자 심리치료사인 벤 푸르만의 이야기를 곁들
여 '아이의 문제 행동에 대한 새로운 관점을 제시'하고 있다. '아이의 문제
를 고친다는 관점이 아니라, 아이가 아직 배우지 못한 기술을 배울 때'라
는 새로운 관점이 신선하다. '공부하기 싫다는 아이라면 공부를 재미있게
하는 방법을 배울 때가 되었다.'라든가 '친구와 잘 놀지 못하는 아이는 친
구에게 말 거는 방법과 함께 노는 방법을 배울 때가 되었다.' 혹은 '동생과
싸우는 아이는 동생과 재미있게 노는 방법, 동생이 자신의 말을 잘 들을
수 있도록 설득하는 방법을 배울 때가 되었다는 의미'란다. "아이야. 이제
네가 공부하는 방법을 배울 때가 되었구나."라고 말한다.

저자는 '전문가도 아이의 문제 행동의 원인이 대부분 주양육자인 엄
마에게 있다고 생각한다.'는 것을 전제로 한다. 그러나 중요한 것은 '엄마
가 일부러' 그러지는 않았다는 점이라고 강조한다. '육아 상식을 총동원
해서' 아이를 키우지만 때로 자신도 모르게 거친 방법을 사용하는 경우도
있다는 것이다. 그러나 이것 또한 일부러 그러지 않았고 '엄마가 원인 제
공자가 되기는 했지만, 항상 최선을 다한 것이다.'라고 말하고 있다. 이
것보다 더 중요한 것은 그런데도 '마음에 상처가 났으면 상처를 치료하고
보살펴주는 일, 열심히 배우는 아이로 성장하도록 도와주는 역할을 해야
하는 것'이 바로 엄마라는 점이다.

무엇보다 신뢰가 가는 대목은 이것이다. 저자는 위의 내용에 대해 '아
주 간단하지만, 실생활에 적용하기는 만만치 않다'는 점도 인정하고 있다

당신의 책장 속에 육아의 답이 있다

는 점이다. 그 이유로는 부모의 기대치를 들고 있다. 부모는 처음부터 아이에게 '이래야 한다'는 아주 높은 기준을 가지고 있다. 그리고 이제 새로운 관점을 가지자고 말한다. '아이에게 문제가 있는 것이 아니라 새롭게 배울 것이 생겼다는 의미로 생각'하자는 말은 그래서 더 소중하게 다가온다. 문제가 배움의 시작, 출발점으로 탈바꿈할 때 그것은 다른 각도로 문제를 해결할 힘을 줄 수 있을 것이다.

19
아토피, 피할 수 있다면 피하자!

유아교육학과 임재택 교수가 유아교육 심포지엄에서 발표한 자료에 따르면 우리나라 아이들 10명 중 4명이 '아토피'를 앓고 있고 지금과 같은 생활습관을 그대로 유지한다면 10년 이내에 일본처럼 10명 중 7~8명이 아토피를 앓게 될 것'이라고 한다.

일본인과 결혼, 일본에서 살며 『아날로그로 꽃피운 슬로 육아』를 쓴 윤영희 저자에 따르면 '아토피와 알레르기는 일본인의 오래된 일상'이라고 한다. 1970~80년대 고도 성장기를 지나는 과정에서 일본 사회는 맞벌이가 늘어났고 바빠진 부모들이 손쉽게 식사를 준비할 수 있도록 이미 만들어진 음식이나 인스턴트 음식이 엄청나게 쏟아져 나왔다.

그 결과 컵라면이나 편의점에서 파는 간단한 음식들, 빵이나 과자로 끼니를 때우는 경우가 아주 흔해졌다고 한다. 그리고 어린 시절 즐겨 먹던 음식은 어른이 되어서도 그대로 이어지고 다시 그들의 아이에게도 이어진다는 점을 지적하고 있다. 수십 년 전부터 이런 일상을 살아온 일본인들이기에 아이들뿐 아니라 어른들도 각종 질병을 앓는 사람이 주변에 많아졌다고 한다.

아토피의 원인으로 꼽히고 있는 '정크푸드'는 패스트푸드와 인스턴트 식품처럼 열량은 높은데 필수 영양소가 부족한 식품을 통틀어 이르는 말이다. 그리고 이러한 음식들에 의한 과도한 설탕 섭취와 육식은 결국 중추신경계 기능에도 영향을 줄 수 있으므로 정서적으로 폭력을 일삼는 아이들로 바뀔 수 있다고 말하고 있다.

그 결과 아이들은 수입에 집중할 수 없고 산만해질 수밖에 없다. 학교 폭력과 가정 폭력으로 소년원에 갇힌 청소년들을 조사해 보았더니 설탕이 많이 포함된 가공식품과 육류, 그리고 육류 가공식품을 많이 먹는다는 공통점이 발견되었다. 아토피를 단순히 피부병 정도로 인식하기에는 치명적이라는 생각마저 든다. 이런 아토피는 어떻게 예방할 수 있을까?

한의사가 제안하는 '아토피 치료를 위한 십계명'은 다음과 같다. 생활 속에서 실천해 보시기를 바라며 옮겨본다.

1. 여름에는 덥게 생활하여 양을 길러라.
2. 겨울에는 춥게 생활하여 음을 길러라.
3. 낮에는 몸을 움직여 기를 순환시켜라.
4. 밤에는 몸과 마음을 쉬어 혈을 길러라.

당신의 책상 속에 육아의 답이 있다

5. 해열제를 매우 신중하게 사용하라. 피부가 망가진다.

6. 항생제를 매우 신중하게 사용하라. 장내 미생물이 혼란스러워진다.

7. 아이는 아프면서 자란다.

8. 화목한 가정이 아토피 치료에 매우 중요하다.

9. 영양 과잉을 피하라.

10. 과잉보호하지 마라. 아이는 마음으로 키우는 것이다.

아이가 14개월 이전에 음식에 대한 다양한 경험을 하게 되면 편식이 줄어든다는 연구결과가 있다. 어릴 적 신선한 채소와 과일, 곡물 등을 먹어 본 아이는 커서도 그런 음식을 잘 먹을 확률이 높은 것이다. 음식도 '경험이요 습관'이기 때문이다. 꾸준하게 음식을 먹어 본 사람만이 어른이 되어서도 그 음식에 대한 거부감이 적다. 어린이집 아이들도 어릴수록 어린이집 식단에 맞춘 음식을 잘 먹는다. 이는 맛에 대한 분별이 아직은 많이 일어나지 않은 결과라고 생각한다. 집에서 인스턴트음식을 많이 먹어 본 아이는 어린이집 간식 시간에 감자나 고구마 제철 과일이나 채소 등을 먹을 때 힘들어한다. 각종 조미료와 향신료 등에 이미 길들어 있다는 것을 짐작할 수 있다. 한 번 길든 식습관은 쉽게 고쳐지지 않는다는 점을 고려해 본다면 어릴 적 식습관은 대단히 중요하다.

20

엄마들은 타고난 '걱정쟁이'

'엄마로 사는 삶에 기쁨과 질서, 평안을 되찾아줄 열 가지 습관들'에 대한 책, 『엄마의 자존감』이라는 책이 있다. 저자인 메그 미커는 미국의 저명한 소아청소년과 의사이자 자녀교육전문가다. 그녀는 25년간 유아와 청소년 부모들을 상담한 경험을 토대로 책을 썼다. '타고난 겁쟁이'라 불리는 엄마들이 자존감을 되찾는 이야기를 담고 있다.

메그 미커는 25년간 소아과 의사로 그리고 엄마로 살아오면서 엄마들의 이야기를 숱하게 들어왔다. 그러면서 엄마들에 대한 몇 가지 기본적인 진리를 알아낸다. 그것은 엄마들은 대체로 자신이 맡은 일을 잘하고 싶은 마음이 간절한 사람들이라는 것이다. 친구들과 남편에게 잘해 주고 싶어 하고 아이들에게 훌륭한 엄마가 되고 싶어 한다는 것이다.

그런데 아이들을 제대로 키우고자 하는 이런 욕구는 강박감이 되는 경우가 많다고 한다. 그리고 강박감은 생각, 에너지, 시간을 잡아먹는다. 훌륭한 엄마가 되려는 노력은 숭고한 것이지만 엄마 노릇을 제대로 하려는 강박감이 엄마의 기를 죽이는 경우가 많다는 것은 새겨들을 필요가 있다.

저자는 엄마들이 강박에서 벗어나서 삶에 기쁨, 질서 평온을 되찾기 위해서는 자존감을 키우는 습관을 지녀야 한다고 말한다. 내용을 나열해 보면 이렇다. '엄마로서 우리의 가치를 이해하기', '중요한 친구들과의 우정을 유지하기', '경쟁을 거부하기', '돈과 더 건강한 관계 맺기', '혼자만의

당신의 책장 속에 육아의 답이 있다

시간을 보내기', '건강한 방식으로 사랑을 주고받기', '단순하게 사는 방법을 발견하기', '두려움을 떠나보내기', '희망을 품기로 결정하기', '믿음을 소중히 여기고 실행하기' 등이다.

　너무 단순해 보이는 방법일 수도 있지만 단순한 변화일수록 심오한 의미가 있다. 엄마로서의 충분한 자기가치를 찾는 것은 우리 자신에게 내재해 있는 불안을 떨쳐버릴 방법이기 때문이다. 경쟁을 거부하고 혼자만의 시간을 가져보는 것은 우리가 삶에서 얻을 수 있는 것이 자신이 생각하고 있는 것보다 훨씬 더 많다는 것을 알게 해 준다. 앞에 나와 있는 방법들을 당장 실천하기 어렵고 습관화하기도 어려울 수 있다. 그러나 이 중 몇 가지만이라도 습관화할 수 있다면 타고난 '걱정쟁이' 엄마의 자존감을 찾기 위한 좋은 기회가 될 것이다.

21
아이의 행동에 공감해 주는 것이 언어발달에도 효과적이다

　『아가야, 말하자』라는 책은 나카가와 노부코가 감수한 책이다. 그는 도쿄대학 교육학부 교육심리학과를 졸업한 언어 청각사로, 아이의 성장을 돕는 방법을 생각하는 모임 대표이기도 하다. 현재 도쿄에서 살며 말이 느리고 발음이 정확하지 않은 아이들을 지도하고 있다. 그는 이 책에서 '즐거운 시간을 많이 가지면 가질수록 아이의 커뮤니케이션 능력이 빠르게 성장한다.'고 강조한다.

또한, 아이의 성장은 제각각이어서 각자가 정해진 시간이 되어야 말하고 걸을 수 있으므로 어른의 욕심으로 섣불리 말을 가르치거나 걷게 하는 것을 삼가야 한다고 경계한다. 아이 키우기는 대장정으로 20년 정도는 걸리니 그 과정에서 고통보다 즐거운 추억이 많아야 하고 쓸데없는 욕심을 버리라는 것이다.

여기서 주목할 한 가지는 '예전에는 아이에게 말을 빨리 가르치려면 어른들이 나서서 언어 자극을 주고 말을 건네야 한다는 주장'이 유행했지만, 최근의 언어발달 연구에서는 조금 다른 의견이 나오고 있는 점이다.

저자의 주장은 '아이의 관심사에 어른들이 맞춰가는 것이 더 효과적'이라는 것이다. '아이가 내는 소리나 동작에 어른들이 진지하게 대응해 주고 관심을 표명할 때 아이들은 더 활발하게 반응'한다고 한다. 따라서 부모가 '이것은 사과, 사과에요. 사과!'라고 일방적으로 말하는 대신 사과를 먹으며 맛있다는 표정을 지으며 천천히 '사과 맛있네!'라고 아이의 기분에 맞는 표현을 해 주어야 한다고 강조한다.

저자에 따르면 아기는 태어나는 순간부터 주위의 시선을 끄는 신비한 힘을 갖고 있다고 한다. 그러므로 우리 어른들은 아기가 필요할 때만 도움을 주고 나머지는 아기에게 맡겨서 아기 스스로 신비한 힘 속에서 대응할 수 있도록 도와야 한다. 아기는 이러한 과정을 통해 커뮤니케이션과 말을 배운다.

'말하다'의 어원은 '함께' 혹은 '더불어'라는 의미를 포함한다고 한다. 그러므로 부모가 일방적으로 말을 건네고 들려주는 것이 아니라 아기의

당신의 책장 속에 육아의 답이 있다

모습을 자세히 관찰하고 기분에 맞춰 주면 된다.

부모들은 아빠 또는 엄마, 맘마처럼 분명하게 발음할 수 있는 단어가 '말'이라고 생각하기 쉽지만, 말을 하기 위해서는 세 가지 요건이 필요하다.

첫째, '맘마'라고 말하는 음성언어, 둘째 '저것은 맛있는 것이다', '먹을 수 있는 것이다'라는 언어지식, 그리고 '맛있는 음식을 보고 어! 하며 손을 내밀어 갖고 싶다'는 뜻을 전달하는 힘 즉, 커뮤니케이션이라고 한다. 이 세 가지가 똑같이 중요하다는 것이다. 그래서 이 세 가지 힘을 균형 있게 발달시켜야 하는데 그중에서도 커뮤니케이션이 가장 중요하다. '전하고 싶은 마음만 있다면 수단은 미숙하더라도 어떻게든 전달할 수 있기 때문'이라는 이유에서다. 이를테면 우리가 외국에 나가서도 손짓 발짓을 동원해 의사를 전달하는 것과 마찬가지다. 그러므로 아기에게 충분한 관심을 가지고 관찰을 하고 잘 반응해 주기를 강조하고 있다.

22
우리가 섭취하는 말은 다 우리에게 약이 되거나 독이 됩니다

우리가 섭취하는 것은 다 우리에게 약이 되거나 독이 됩니다.

이 말은 '마음 챙김'으로 유명한 틱낫한 스님이 『타인이라는 여행』을 통해 전하는 말이다. 스님은 사람이란 입으로 먹는 것만 음식물로 여기지만 우리 사람들은 눈과 귀와 코와 혀와 몸을 통해 섭취하는 그 모든 것이 다 음식이라고 말한다. '우리 주변에 오가는 대화, 우리가 직접 하는 대화' 역시 음식이라는 것이다.

틱낫한 스님은 책에서 말의 힘을 이렇게 이야기하고 있다. '우리가 한 말이 우리 자신은 물론 주변 사람들에게 힘이 된다면 그것은 사랑과 연민의 마음을 키우고 있는 것이고' 만약 반대로 '불안과 화를 불러일으키는 식으로 말하고 행동한다면 그것은 폭력과 괴로움을 키우는 것'이라고 말이다. 그리고 우리에게 묻고 있다. "여러분은 이해와 연민의 마음을 키워주는 대화를 섭취하고 있습니까?"라고.

'대화는 훌륭한 양육의 원천'이라고도 부른다. 우리는 모두 외로울 때면 누군가와 이야기를 나누고 싶어 한다. 그럴 때 그 사람이 한 말에 미움과 화 그리고 실망과 같은 독소가 가득 차 있을 수도 있다는 것이다. 그리고 그럴 때 그 사람의 말을 듣는 것은 독소를 섭취하는 것과 같다는 것이다. 그것은 독소를 몸과 마음속으로 불러들이는 결과를 초래한다.

부모가 아이가 잘되기를 바라는 마음에서 내뱉은 말들이 때론 좋은

당신의 책장 속에 육아의 답이 있다

영양분이 아니라 독소로 작용한다는 말은 참으로 무섭다. 틱낫한 스님은 소원해진 관계 개선을 위해 사랑을 다시 키우는 방법으로 '소통'을 권하고 있다. 그것은 시들해진 관계를 좋은 관계로 이어주는 역할을 한다.

우리는 주변에서 해로운 대화를 섭취하는 경우가 많다. 그것은 우리를 기분 나쁘게 하거나 불안하게 하고 남을 함부로 비판하며 남보다 낫다고 여기게 하기도 한다. 우리 아이들에게도 역시 마찬가지다. 부모의 역할을 잘하려면 결코 타고난 본성만 가지고는 안된다. 끊임없이 노력해야 한다. 부모 역할을 끊임없이 배워야 하듯 대화도 끊임없는 노력이 필요하다. 좋은 영양을 줄 수 있는 말과 소통의 재료를 만들려고 노력해야 한다. 자녀들에게 어떤 영양분을 제공하고 있는지 곰곰이 생각하게 된다.

23
'자기 방어벽'에 갇힌다는 것은

"많은 대중 앞에서 발표할 수 있습니까?"라고 물으면 대부분의 사람은 못 한다고 대답한다. 그런데 이런 분들에게 3분 발표를 시키면 5분 이상 발표한다는 것입니다. 그것은 혹자는 '못 해서 안 하는 것이 아니라 안 해서 못 하는 것이다.'라고 말하기도 합니다.

이것을 불교적인 관점에서 말하면 '자기 방어벽' 때문에 수행에 방해를 받는 것이라고 법륜스님은 『깨달음』이란 책에서 말하고 있다. "자기 방어벽이 없는 사람은 '노래 한번 해 봐요.'라고 시키면 '예.' 하고 벌떡 일어나 생각나는 대로 동요를 부르든 가요를 부르든 한다. 하지만 자기 방어벽이 있는 사람은 노래를 불러보라 하면 자기는 노래를 잘 부르지 못한다며 뒤로 뺀다. 그래도 해 보라고 권하면 몇 번을 거절한 뒤에야 마지못한 듯 나와서 노래를 부른다."고. 왠지 내 이야기인 것 같아 뜨끔했다.

그렇게 '자기 방어벽'에 갇히는 것은 '잘해야 한다'는 생각에 사로잡혀 있기 때문이라고 한다. "사람들이 노래 못한다고 흉보지나 않을까?"라는 생각이 '자기 방어벽'이라는 것이다. 뭔가 '나는 특별한 존재'라는 사고를 하기 때문이라는 것이다.

아이를 키울 때도 마찬가지다. 내 아이는 다른 모든 아이보다 똑똑하고 기특하고 영특해 보이는 것이 부모 마음이다. 나에게 특별하므로 남들도 내 아이에게 특별하게 대해 주기를 원한다. '함께 같이'가 아니라 '따로 특별하게'만을 외치게 된다.

법륜 스님은 그 해답으로 언제나 '나는 별 볼 일 없는 사람'이라는 걸 알고 살아야 한다고 말씀하셨다. 사람들이 나를 보고 싶어 하고 내 이름을 부르고 떠받들어서 내가 굉장한 존재인 양 착각하는 순간, 인생은 불행해진다는 것이다. '사람들이 나를 그렇게 규정하는 건 그 사람들 일이다.' 하고 놓아버리고 그냥 가볍게 재미있게 살라 조언하고 있다. '그건 내 뜻이 아니고 그 사람들이 그렇게 규정해 놓은 것일 뿐'이라고 담담하게 걸림이 없는 삶을 추구하는 것, 삶의 진리이면서 절대 쉽지 않은 일이다.

당신의 책장 속에 육아의 답이 있다

24
조건적인 사랑은 눈치 보는 아이를 만든다

조건이 붙은 사랑, 전문가들은 그것은 아이에게 위험하다고 경고한다. 아이에 대한 사랑에 조건이 붙기 때문에 사랑은 순수함을 잃고 협박으로 변질된다. 아이는 아직 스스로 할 수 있는 일이 별로 없다. 그러므로 전적으로 부모에게 의지해야 한다. 부모에게 사랑과 관심, 칭찬을 받는 것은 아이의 가장 큰 심리적 욕구이다. 그러므로 부모가 '사랑'이라는 명목으로 아이를 협박하면 아이는 어떤 조건을 만족하게 할 때만 부모의 사랑을 얻을 수 있다고 여긴다는 것이다. 아이는 '착한 아이'일 때만 부모가 자신을 사랑하고 부모가 기분 나빠하면 자신이 착하게 변해야 한다고 생각한다. 아이가 부모의 사랑을 받을 수 없을 거라는 생각에 자기 자신을 포기하려고 한다면 위험천만한 일이 아닐 수 없다.

'착한 아이'로 키우지 마라

'착한 아이'는 부모를 기쁘게 하고 싶은 마음에서 열심히 노력하지만
마음은 여전히 외롭고 무기력하다.
처음부터 곤란한 상황과 싸울 힘도 없고
그것을 견뎌낼 힘도 없다.
'착한 아이'가 좌절하기 전에 보이는 특징은
해야 할 일을 질질 끄는 것이다.

왜냐하면 지금 현재를 살아가는 것만 해도 벅차기 때문이다.
그리고 뭔가 하나만 더 일어나도 그것을 처리할 힘이 없다.
그래서 해야 할 일을 미룬다.
지금 현재의 자신을 유지하는 것만으로도 벅차서
새로운 일을 벌일 에너지 따위는 없다.
– 가토 다이조,『착한 아이로 키우지 마라』

'우리 아이는 손댈 것이 없어요.'라는 말은 가장 위험한 말이다. 아이가 어떻게 어른도 아니고 손댈 것이 없을 수가 있단 말인가. 아이는 당연히 발달상 어른의 손길이 끊임없이 가야 한다. 그런데도 혼자 잘 놀고 혼자 잘 먹고 혼자 잘 자기 때문에 손을 델 필요가 없다고 말한다. 혼자 있어도 어른을 찾지 않는다거나 울지 않는다고 자랑삼아 이야기할 때도 있다. 그러나 아이가 아이답지 못할 때는 뭔가 이유가 있다. 착한 행동만을 하는 아이는 그럴만한 이유가 있다. 모두 부모의 기대에 맞추기 위한 행동의 결과들이다. 그런 아이의 경우 마음은 외롭고 무기력한 것이 당연하지 않겠는가.

자신의 마음을 몰라주는 어른을 대신해서 자신이 성장해야 할 에너지를 어른들의 기준에 맞추느라 애를 써야 하는 만큼 아이는 힘들 수 있다. 그러니 어른의 도움을 덜 필요해 하는 아이에 대해서는 다시 생각해 봐야 한다. 혹 아이가 어른에게 자신의 마음을 숨기고, 맞추고 있는 것은 아닌지, '착한 아이 콤플렉스'에 갇힌 것은 아닌지 말이다. '착한 아이'로 성장하는 아이들의 마음은 위험할 수 있다는 것을 꼭 기억하자.

당신의 책상 속에 육아의 답이 있다

25

아기의 '나비잠'

아기가 자는 모습만큼 평화로운 장면은 많지 않다. 가끔 신장개업한 가게 앞 풍선인간처럼 두 손을 파닥이기도 하지만 그마저도 부드럽다. 꿈에서 하늘을 날고 있구나 싶다. (…) 어제는 흘러간 과거이며 잠은 망각에 잠기는 일이고 밤은 모든 형체가 풀어진 때다. 아기는 혼자 힘으로 현재와 과거를 잇고, 망각 속에서 기억 하나를 찾아냈으며, 흩어졌던 형체를 자신의 힘을 재조립해냈다. 현재가 아닌 시간, 망각의 시간, 형체를 잃은 시간은 영원의 시간이자 저승의 시간이다. 아기는 잠에서 깰 때마다 힘겹게 몸을 일으켜 이승의 시간으로 돌아오는 셈이다.

2015년 7월 29일자 《한겨레》에 권혁웅 시인이 쓴 글이다. 이처럼 예쁘게 아기가 잠을 자는 모습을 '나비잠'이라 부른다. 네이버 지식백과를 보면 '나비잠'은 '천진난만한 표정으로 새근새근 숨을 몰아쉬면서 두 팔을 머리 위로 벌리고 평화로운 표정으로 자고 있는 어린아이의 모습'이라고 했다. 그 모습은, 말 그대로 한 마리의 나비가 사뿐히 앉았다가 날아가는 모습을 연상케 하고 어린아이의 그런 모습을 표현하기에 '나비잠'보다 더 적당한 말은 없을 것이다.

아기의 잠든 모습을 예찬한 시인 중 가장 으뜸을 꼽자면 「방 안의 꽃」, 김용택 시인이 떠오른다.

오줌 싸도 이쁘고

응가 해도 이쁘고

앙앙 울어도 이쁘고

잠을 자도 이쁘고

깨어나도 이쁘고

이리 보아도 이쁘고

저리 보아도 이쁘고

얼럴럴 둥거둥거

꽃 중의 꽃 방안의 꽃

우리 아기

　

한시도 멈추지 않고 움직임이 많은 아이를 돌보는 것은 그만큼의 에너지가 필요하다. 그러므로 늘 행복하고 다정한 모습으로 한결같은 돌봄이 되지는 못한다. 때론 힘겨움에 짜증을 낼 수도 있다. 그러다가도 아이가 낮잠이라도 자면서 손을 하늘 위로 올리고 '나비잠'을 자는 모습을 보면 피곤했던 마음은 금세 풀어지고 그 예쁜 모습은 가슴에 '찡'하게 다가온다. 그 순간 이미 힘들었던 시간을 '망각'의 시간 속으로 보내게 된다. 아이가 시인의 말처럼 잠을 자면서 과거와 현재를 잇고 망각의 시간을 돌리는 것처럼 그렇게.

당신의 책장 속에 육아의 답이 있다

26
좋은 친정엄마가 된다는 것

어린 시절에 사랑받은 경험이 전혀 없거나 너무 적은 사람에게는 사
랑하게 되는 것이 불가능하지는 않더라도 훨씬 더 힘들다. 자기가
결코 받아본 적 없는 것을 주어야 하기 때문이다.
— 프리츠 리만, 『사랑하는 능력』

어떤 블로거 분이 자신의 엄마가 편부모가정에서 자랐고 따뜻함보다
는 짜증과 의무감으로 자신을 기른 것 같다 소개하면서 자신은 나중에
사랑을 많이 주는 엄마가 되고 싶다고 했다. 여전히 아이들과 소통하는
것은 어려운 일임을 실감하고 현재 진행형이지만 나의 심경을 이렇게 올
렸다.

편부모가정에서 자란 어머니도 사랑을 많이 주고 싶었겠지만 성장
과정에서 부족했던 사랑을 따님에게 나눠주는 것이 힘들지 않았을
까 하는 생각도 해 봅니다. '좋은 친정엄마'가 되면 좋겠지만, 저도
살아보니 쉽지만은 않네요.
시골에서 자란 저도 부모의 사랑이라던가 하는 것들을 크게 느끼지
못하고 살았습니다. 아버지는 밖으로 다니셨고 엄마는 가난 속에서
6남매를 키워야 했으니까요. 도시로 나와 보니 사람들 살아가는 방
식이 많이 달라서 당황했던 기억이 남니다. 저는 부족했던 사랑이나

경험을 다양한 사람을 만나고 그 속에서 위로받고 사랑하는 방법이나 사랑받는 방법을 배웠습니다. 특히 심리학 책을 통해 저 자신을 들여다보고 아팠던 마음을 치유하는데 많은 시간을 할애했던 것 같습니다.

자신이 부족했던 부분을 충족시키고 보니 딸아이에게 사랑을 나눠줄 힘도 조금 생기더군요. ○○님이 부족했다고 느꼈던 사랑을 다양한 방법으로 충족시켜보면 좋겠습니다. 그것은 꼭 엄마가 아니어도 된다고 합니다. 부모가 아니라 주변에 나를 알고 있는 누군가가 그것을 대신해서 해 줄 수도 있다고 합니다. 너무 그 부분에 대해서 연연하거나 아파하지 않는 것이 중요한 것 같습니다. 너무 잘하려고 하면 그것이 콤플렉스가 되어서 부담이 되고 결국에는 처음 의도했던 방향과 다르게 진행되더군요. 누구나 조금은 부족한 엄마라고 생각하면서 살아간답니다. 고민한다는 것은 이미 좋은 엄마가 될 준비가 되신 겁니다.

이분은 애정의 대상이 꼭 엄마가 아니어도 된다니 위로가 되고 희망이 생긴다고 했다. 자신 또래 엄마들과 자신의 엄마가 왜 다른지 아니까 자신을 사랑할 수 있게 되었다고 했다. 그리고 여전히 엄마를 마주하는 건 힘이 들지만 노력해서 극복해 보겠노라고 했다.

『모든 문장은 나를 위해 존재한다』라는 책은 2007년 『달을 먹다』로 문학동네 소설상을 받은 소설가 김진규가 썼다. 육아 책들과 심리 책들을 읽으면서 '모든 문장은 내 이야기다'라며 문장에 밑줄을 벅벅 그으면서 읽던 나처럼 그도 '모든 문장은 내 것이다.'라고 붉은 줄로 문장들을 포박했다고 한다. '가난했던 시절 이야기와 무능력했던 아버지의 말도 아닌 고상한 취미하며 그 아버지의 책에 대한 애정하며 시끄럽고 아팠던 가족사'란 출판사의 소개 글이 실려 있지만, 그보다 가장 눈에 띄는 것은 역시 이 문장이다. '장래에 딸을 위해 좋은 친정이 되어 주는 것'이 자신의 꿈이라는 문장.

아이를 양육하면서 겪는 어려움은 부모의 어려움과 직결된다. 아이가 힘들어하는 감정은 곧 어른들이 힘들어하는 감정이 된다. 그리고 그것은 어린 시절 부모의 양육태도와 무관하지 않음을 알게 한다. 어린 시절 부모 곁에서 보고, 듣고, 경험했던 것들이 자기 삶의 일부를 만들기 때문이다. 많은 여성은 아이의 입장에서 능력을 갖춘 섬세한 어머니가 되기보다 엄마 자신이 이상으로 생각하는 어머니가 되고 싶어 하니 더 어렵다.

'아는 만큼 보이고 보이는 만큼 사랑 한다'는 말은 양육에서도 유의미하다. 자신이 양육되었던 경험을 유추해 보면서 자신이 언제 기분이 좋았는지, 어떻게 해 주었을 때 행복했었는지를 먼저 떠올려보는 것이다. 그리고 언제 섭섭하고 불안했었는지를 함께 떠올려 보자. 그러면 우리 아이의 감정에 조금 더 가까이 다가갈 수 있을 것이다. 감정에 가까워지는 섬세한 엄마라면 좋은 친정, 좋은 친정엄마가 되지 않을까. '좋은 친정이 되는 것'이란 문장은 사춘기에 있는 딸아이와의 관계를 돌아보는 좋은 계기가 되게 했던 '양육의 길잡이'였다.

Part 3

일하는
엄마의
육아 전략

27

'대한민국에서 일하는 엄마로 살아간다는 것'에 대하여

독서프로그램에서 만난 지인이 결혼 4년 만에 임신했다는 소식을 전하며 육아에 관한 책을 소개해 달라고 했다. 적지 않는 나이에 결혼, 그리고 4년 만의 임신. 그것이 그녀에게 어떤 의미를 가지고 있는지를 알기에 진심으로 읽었으면 하는 책을 몇 권 선정해 줬다. '너무 부담을 갖지 말고 엄마가 읽고 싶은 책'을 읽으라는 말도 빼놓지 않고 해 주었다. 지레 겁먹고 너무 열심히 육아에 대해 생각을 한다면 혹여 부담으로 작용하지 않을까 염려가 되어서다. '너무 과하면 하지 않은 것보다 못하다'는 속담은 육아에도 그대로 통한다.

'과잉육아'가 가끔 아이들을 힘들게 하는 경우를 현장에서 본다. 『아이 심리백과』와 『대한민국에서 일하는 엄마로 산다는 것』의 저자 신의진 교수의 책도 지인에게 소개했다. 신의진 교수는 연세의대 소아청소년정신과 교수다. 1994년 이후 20년 동안 55만 명이 넘는 엄마와 아이들을 상담해 왔다. 또한, 두 아이를 둔 일하는 엄마이기도 하다. 일하는 엄마로서 녹록지 않은 세월을 보냈다. 유난히 불안해하고 예민해서 특별한 돌봄이 필요했던 큰아이를 가슴에 돌처럼 매단 채 사직서를 품고 다닌 세월이 있었다고 고백한다.

그런 그녀였기에 진료실에서 만난 일하는 엄마들의 고민이 더욱 예사롭지 않았을 것이다. 아이가 아프면 죄책감으로 가슴에 피멍이 드는 엄마들을 보면 마치 과거의 자신을 보는 것 같았을 것이다. 하루가 48시간인

듯 바쁘게 살아가는 대한민국의 일하는 엄마들. 그러나 그들은 정작 자기 자신은 돌보지 못한 채 살아간다. 신의진 교수는 "일과 육아와 살림을 병행하며 매일같이 한계에 부딪히는 엄마들의 하루하루가 얼마나 힘든지를 알기에" 이 책을 썼다고 말한다.

신의진 교수는 일하는 엄마들은 모든 문제의 원인을 '일 때문'이라고 생각하지만 실제로 자세히 들여다보면 그렇지 않다고 말한다. 곁에 있는 것만이 아이를 사랑하고 아이와 행복하게 사는 방법은 아니다. 엄마는 자신이 일하기 때문에 아이가 문제가 있는 것은 아닐까 생각하기 쉽다. 일하느라 그만큼 아이한테 소홀하지는 않았을까 스스로 위축이 되기 쉬운 까닭이다. 그러나 엄마가 일하기 때문이 아니라 엄마 스스로 자신의 삶에 만족하지 못해 결과적으로 불행하다고 느끼는 것이 더 문제라는 것이다. 엄마의 낮은 자존감이 아이에게도 영향을 미치는 것이다. 그러니 일을 한다는 이유로 무조건 아이에게 미안해할 일은 아니라고 말한다. 아이를 위해 희생하고 있다는 생각이 든 순간 엄마와 아이의 인생은 더 힘들어질 수밖에 없을 것이다.

일과 아이와 가정은 우리의 삶을 풍요롭게 하기 위해 모두 필요한 것들이다. 그러니 힘들더라도 일과 아이를 저울질하며 둘 중 하나를 성급히 포기하려 하지 말고 균형점을 찾아 나가라고 조언한다. '일도 잘하고 아이도 잘 키우는 것'은 결코 허황한 꿈이 아니니 "일을 한다는 이유로 아이에게 미안해하지 말라"고 진심으로 격려한다. 나쁜 엄마는 일하는 엄마가 아니라 "자신의 삶에 만족하지 못하고 자신을 불행하다고 여기는 사람이다"라고 말한다. 그러니 모든 것을 다 잘하려고 애쓰지 말고 떳떳하게,

당신의 책상 속에 육아의 답이 있다

당당하게 일하라는 저자의 조언은 일하느라 아이 기르느라 힘든 엄마에게 단비 같은 위로를 준다.

28
'엄마 회사 가지 마!' 매달리는 아이와 잘 지내기

일하는 엄마와 그런 엄마를 둔 아이의 마음을 그린 그림책이 있다. 그림책 『엄마는 회사에서 내 생각해?』는 일하는 부모의 죄인 아닌 죄인 심정을 깊게 이해하고 진솔하게 담았다. 많은 엄마가 아이를 어린이집이나 유치원에 보내 놓고 불안해하거나 미안해한다. 아이 또한 엄마와 떨어지기 싫어하거나 잠시만 떨어져 있어도 끊임없이 엄마의 사랑을 확인하고 싶다. 이 책은 그런 엄마와 아이의 마음을 서로에게 알려 주고 있다. 책장을 펼쳤을 때 왼쪽 면에는 회사에서 일하는 엄마의 이야기를 담았고 오른쪽 면에서는 유치원에서 생활하는 아이의 이야기를 담았다.

아이들은 자기중심적이다. 아직 자기가 너무 소중하다. 한편으로는 불안해하면서 한편으로는 자신이 세상의 중심이라고 생각한다. 그래서 네 생각을 많이 한다는 부모의 말이 아이에게는 너무도 절실하다. 그 말을 해 주면 아이는 마음이 따뜻해지고 표정이 변한다. 엄마는 아이가 원하는 정답을 알고 그 답을 해 주는 것이 사랑임을 안다.

그리고 그렇게 사랑을 아는 엄마가 있기에 아이는 안심하고 세상을 살아갈 수 있다.

소아청소년정신과 의사 서천석이 이 책을 소개하면서 들려주는 말이다. 이 책에서는 이러한 엄마와 아이의 마음을 대변하는 대화 장면이 나온다. 아이가 퇴근한 엄마에게 "엄마는 회사에서 뭐했어?"라고 묻자 엄마는 당장 "엄마? 우리 은비 생각했지!" 하고 꼭 안아준다.

책을 쓴 김영진 작가는 어릴 적 일하러 간 엄마를 기다리며 자주 이런 생각을 했다고 한다. "엄마는 지금 뭐 할까? 내 생각 할까?" 작가의 엄마는 저녁 늦게 일을 마치고 들어왔고 작가가 말썽을 피워 꾸중할 때면 엄마가 더 힘들어 보였다. 그럴 때마다 엄마가 힘든 게 다 자신의 탓인 양 속상했다. 부모가 되고 나서야 어릴 적 자신의 생각이 틀렸다는 걸 알았다. 엄마들이 하는 일은 저마다 달라도 아이를 생각하고 걱정하고 사랑하는 마음만은 세상 모든 엄마가 같다는 걸 알아주었으면 하는 바람으로 작가는 이 책을 썼다.

『회사 가지 마!』(정수은 글, 김혜영 그림)도 일하는 엄마의 이야기를 담았다. 회사에 가야 하는 엄마와 헤어지기 싫다며 어린이집 문 앞에서 떼를 쓰며 우는 아이. 일하는 엄마라면 누구나 한 번쯤 겪어 보았을 상황이다. 이럴 때 엄마가 왜 회사에 가야 하는지, 아이를 어린이집에 보내고 엄마는 회사에서 어떤 일을 하는지, 아이가 잠든 늦은 시간에 엄마는 어떤 일을 하는지 하나하나 설명하고 있다.

당신의 책상 속에 육아의 답이 있다

엄마는 회사 일이 끝나고

집에 돌아와도

할 일이 참 많아.

민규 놀이감을 정리하고

저녁 먹은 설거지에

빨래까지 하고 나면

어느새 열두 시가

훌쩍 넘어 버린단다.

오늘은 새벽에 일어나 민규가 소풍가서

먹을 도시락을 준비했어.

일하는 엄마는 퇴근하고도 할 일이 많다. 아이에게 해 주고 싶은 것은 많지만, 시간이 나지 않는다. 엄마를 기다렸던 아이의 마음과 그런 아이에게 많은 시간을 함께 해 주지 못하는 엄마의 마음이 글을 읽으며 전해져 가슴이 저며 온다. 퇴근길 헐레벌떡 뛰어들어가도 밥 차려주고 집안 정리하고 나면 어느덧 재울 시간이다. 자기 전 짬을 내어 그림책 읽어주는 시간이라도 내려 하지만 쉽지 않다. 눈꺼풀은 자꾸 감기고 한 권 더 읽어달라는 아이의 말은 버겁기만 하다.

자녀에게 엄마는 비록 몸은 떨어져 있지만, 마음속에는 늘 곁에 있는 상징적인 존재다. 그러나 꼭 기억해야 할 것도 있다. 여성이 직장 다니는 것에 대해 죄책감을 덜 느낄수록 아이의 양육환경을 효과적으로 조직할 수 있다는 것이다. 죄책감을 느끼지 않기 때문에 부족한 부분에 대해서도 누군가의 도움을 받아야 할 때는 스스럼없이 요청할 수 있는 여유가 생긴다. 더불어 죄의식의 올가미에서 빠져나올수록 아이와 정서적인 유대감을 강화할 수 있다고 한다. 꼭 기억해 둘 말이다.

29
엄마의 죄책감을 덜어주는 '직장맘과 아이들 도와주기'

『직장맘과 아이들 도와주기』라는 책을 보면 직장맘들에게는 두 가지 역할이 부여되는데 하나는 주부로서 집안일 하기와 아이들을 양육하는 일이다. 직장맘은 외부로부터 다양한 역할을 부여받을 뿐 아니라 자신에게도 상당한 역할을 부여한다. 또한, 맡은 역할에서 인정받고자 하는 요구가 강하여 엄청난 에너지가 필요할 수밖에 없다고 말한다. 두 가지 역할을 모두 잘 해내기 위해 자신에게 지나치게 높은 잣대를 갖다 대는 경우가 있어 우리나라의 많은 직장맘들은 일과 양육 사이에서 흔들리고 있다.

> "나는 나쁜 엄마야…. 네가 힘든 것은 내가 일을 하기 때문이야…. 아가야, 미안해."
> 아침에 아이를 떼어 놓고 출근길을 나서는 엄마의 마음에는 늘 비가 온다. 눈물, 콧물 범벅이 되어 '엄마'를 외치는 아이 목소리가 귀에 생생하고 아이 얼굴이 떠올라 직장에서도 일이 손에 잡히질 않는다.

당신의 책장 속에 육아의 답이 있다

어린아이를 두고 직장으로 돌아서는 직장맘이라면 한 번쯤 겪었을 마음의 갈등이다. 많은 직장맘들은 아이에게 편안하고 좋은 품이 되어 주지 못해서, 재밌고 생동감 있게 놀아 주지 못해서, 여유롭게 기르며 스스로 성취할 기회를 주지 못하는, 늘 아이에게는 무언가 부족한 자신을 탓하게 된다. 그리고 '모성의 그림자'라고 불리는 죄책감을 느끼게 된다는 것이다.

아이를 키우면서 엄마로서의 죄책감이 하나도 없는 부모는 없다고 한다. 부모 대부분은 자녀를 양육하는 과정에서 자신의 행동이 생각처럼 완벽하거나 이상적이지 않게 흘러가는 것에 대해 양육 죄책감을 느낀다는 것이다. 그래서 이들은 미안함과 죄책감으로 인해 때로는 자녀에게 물질적으로 과잉보상하려 하거나 과잉보호, 과잉애정 등으로 대하게 된다고 한다.

책에서 저자들은 이러한 마음의 갈등과 죄책감을 느낀 엄마들에게 '자신이 아이에게 못 해 주고 있는 것만 보지 말고 얼마나 아이를 사랑하고 노력하고 있는지도 찾아보라'고 권한다. 엄마가 최선을 다하고 있다면 나머지는 자녀가 받아들여야 할 몫이라는 것이다. 직장맘의 자녀는 독립심과 책임감이 상대적으로 더 높고 전업맘의 자녀에 비해 자기성취능력이 높다는 연구 결과도 있다고 한다.

가수 이적의 어머니로 유명한 여성학자 박혜란이 쓴 책『믿는 만큼 자라는 아이들』에는 전업주부가 아닌 직업을 가진 엄마로서, 일을 선택한 후 오히려 자녀들과의 관계에서 조바심내지 않고 휘둘리지 않으면서 자신의 소신을 믿고 앞으로 나아갈 수 있었다는 저자의 고백이 나온다.

이처럼 책에서는 직장맘들에게 '일을 그만둘 상황이라면 과감히 선택하여 갈등과 이별할 것을 권하고 있다. 무엇을 선택할 것인가를 고민하지 말고 어떻게 조율해서 헤쳐나갈 것인가를 고민하라는 말은 아주 명쾌하기까지 하다. 지금 벌어지고 있는 상황에 초점을 맞춰 해결점을 찾고 행동하라는 것으로 이해된다.

소아과 의사 겸 아동심리 분석가인 도널드 위니 캇은 아이에게 매우 중요한 엄마의 역할은 '완벽한 엄마'보다는 '충분히 좋은 엄마'라고 말한다. 여기서 충분히 좋은 엄마란 아이를 대함에 있어 엄마가 할 수 있는 '최선의 공감과 돌봄'을 하는 엄마이지 객관적인 잣대로 보았을 때 모든 것을 완벽하게 잘해 주는 엄마는 아니라는 것이다.

직장맘이기 때문에 아이에게 못 해 주는 것에 몰두하는 것은 시간 낭비다. 일하는 엄마를 가진 자녀가 경험하고 느끼게 될 문제에 대해 엄마와 아이가 어떻게 하면 자연스럽게 해결할 수 있을지 모색해 보는 것이 아이의 장기적인 발달에 더 효과적이라는 말은 가장 현명한 결론으로 다가온다. '아이를 누가 키우느냐가 중요한 것이 아니라 어떻게 키우느냐가 더 중요하다'는 말은 시대가 변해도 바뀌지 않는 명언이다.

30
우리 엄마는 마녀

"재형이가 그림 표현력이 대단해요."
나는 아무것도 모르고 우쭐한 마음이 되어서 "나를 닮아서 그림을
잘 그려요." 하며 헤헤 웃었습니다. 선생님에게 건네받은 그림 속에
는 마귀할멈이 그려져 있었습니다. 컴퓨터 앞에 앉은 마귀할멈의 눈
은 붉게 충혈되어 있고 마귀할멈이 치는 자판에서 ㄱ, ㅂ, ㅎ 글자들
이 공중으로 마구 날아다녔습니다. 그런데 그림의 뒷장을 돌려 보니
제목이 '우리 엄마'였습니다.'
– 송정림, 『참 좋은 당신을 만났습니다』

이 책은 오랜 시간 라디오 방송작가로 글을 써 온 저자가 아이를 키우
며 겪은 이야기를 엮은 책이다. 라디오 작가 겸 소설가로 활발하게 활동
하고 있는 저자가 일하는 엄마로서 어린 아들을 키우며 겪는 삶의 고단함
을 잘 표현했다. 작가는 위의 일을 겪고 나니 지나간 시간이 머릿속을 주
마등처럼 스쳐 지나갔다고 한다. 아이가 방에 들어오려면 "나가!"라고 소
리쳤던 일이며 아이가 놀아달라고 하면 "일하는 거 안 보여?"라고 짜증
을 냈던 이야기며 배고프다고 하면 일하는 아줌마를 목청껏 불러댔던 일
들이 그것이다.

아이가 슬퍼하는 것, 상처받는 것, 외로워하는 것보다 당장 내일 아침
에 나갈 드라마를 걱정하고 그 드라마를 위해 살았던 시간들. 일하는 엄

마들은 한 번쯤 공감하지 않을 수 없는 이야기라 더 가슴이 아팠다. '우리 엄마는 마녀'라는 어린 아들의 그림은 바쁜 엄마의 삶을 되돌아보게 했다. 그리고 아이와의 관계를 우선순위에 두기로 마음먹는다.

작가 엄마는 말한다. '아이가 엄마 아빠를 필요로 하는 시간은 그렇게 잠깐입니다.'라고. 가장 중요한 시기는 금방 흘러가 버리고 그것도 고작 몇 년 세월이라는 것이다. 그런데 가장 중요한 것은 그 시기에 아이가 엄마 아빠의 정을 느끼지 못하면 오랜 시간 결핍을 가지게 된다는 사실이다. 그러기에 아이가 엄마 아빠를 찾는 그 시기에 아이의 곁에 있어 줘야 한다. 직장에 나가야 해서 도저히 함께할 시간이 안 되면 늘 너와 함께 있다는 사랑메시지라도 전해 주어야 한다고 말한다.

일하는 여자에게 있어 가장 큰 실수는 가족을 외롭게 하는 일이 아니냐고 작가 엄마는 묻고 있다. 우리 사회의 일하는 엄마에 대한 배려가 아직은 아쉽다. 이런저런 상황에서도 일해야 하는 엄마들은 여전히 존재하고 앞으로도 그러할 것이다. 이런 엄마들은 아이와의 관계에서 아이가 결핍을 느끼지 않도록 하는 작은 지혜가 필요하다.

31
이기적인 엄마가 가장 먼저 해야 하는 일

육아 이론서적을 읽다 보면 많이 나오는 이야기가 있다.

'엄마의 인생이 똑바로 서야 아이의 인생도 똑바로 설 수 있다.'는 것이다. 그렇다면 엄마의 인생이 똑바로 서는 방법에는 어떤 것이 있을까 궁금해질 것이다. 엄마의 인생이 똑바로 서려면 '이기적인 엄마' 혹은 '자기 계발을 하는 엄마'가 되어야 한다. 육아와 자기 일을 병행하노라면 자기 계발하는 시간을 내기가 쉽지 않다. 이때 필요한 것이 '이기적인 엄마'의 모습이다. 자신을 위한 시간을 내는 것이 바로 이기적인 엄마의 모습이다.

　전업주부든 워킹맘이든 대부분 여성들이 결혼해서 아이를 키우다 보면 자기계발을 잘 못 한다. 아이 키우고 직장생활 하면서 책보고 공부할 시간을 낸다는 것은 참으로 어려운 일이다. 하지만 자세히 들여다보면 자기 계발을 할 시간이 전혀 없는 것도 아니다. 아무리 바빠도 출근 전에 꼭 화장하고 끼니마다 밥도 먹는 것처럼 자기 계발을 선택이 아니라 필수항목이라고 생각하면 못할 것도 없다. 자기계발을 위한 시간이 없다고 생각하는 것은 그저 자기 자신만을 위한 시간을 내는 것을 두려워하는 것이 아닐까 생각해 본다.

　남녀노소 누구나 자기 계발에 힘써야 하는 시대다. 자기계발이라고 해서 거창한 것은 아니다. 나를 가꾸고 더 나은 사람이 되기 위해 꾸준히 책 읽고 공부하는 습관을 갖는 게 바로 자기계발이다. 나보다 뛰어난 사람들을 보며 나 자신을 돌아보는 것, '이렇게 살아선 안 되겠어.' 하고 긴장감을 느끼는 것, 이런 것들이 모두 자기계발의 과정이다. 자기계발을 하면 자신의 부족한 점을 보완하게 되고 자신을 더욱 아끼고 사랑하게 된다. 아이에게 긍정적인 영향을 미치는 건 당연한 일이다.

'어머니 독서클럽'이나 '어린이문학회', '동화 읽어주는 엄마' 모임 등을 운영하고 참여하는 엄마들이 있다. 육아에 대해서도 적극적인 엄마들이다. 자기계발에 적극적인 엄마는 육아에도 적극적이다. 자기계발에서 행복을 느끼는 엄마는 아이에게 엄마의 행복이 고스란히 전달된다.

얼마 전 잠시 쉬고 있던 독서모임을 다시 시작했다. 이번에는 보육하시는 분들만 모여서 보육에 꼭 필요한 책들을 선정하여 읽는 모임이다. 그동안 읽어 왔던 육아 책 중에서 함께 공유했으면 좋겠다는 책 여러 권을 선정해 놓고 함께 다달이 읽고 토론하는 모임이다. 현장에 있는 분들이라 이분들이 고른 책은 더욱 피부에 와 닿는다. 또 곧장 현장에 활용할 수 있는 이론도 많이 알게 된다. 처음 독서모임에 참석한 어떤 분은 이런 말을 했다. "다른 분이 골라 준 책이 정말 '술술' 읽힌다."는 것이다. 그만큼 필요하고 절실했던 정보와 이야기를 책을 통해 반갑게 만났기 때문일 것이다.

교육과 공부 모임들은 많다. 하지만 마음먹고 한자리에 앉아 몇 시간 공을 들여 읽는 독서모임은 다른 교육이나 공부 모임과는 차원이 다르다. 구색을 갖추는 교육이 아니라 정말 자신이 진지한 독자가 되어 책 속을 거닐다 보면 사색 속에 답이 보이고 길이 보이고 자기 자신이 보인다. 이것이 곧 자기계발이며 지금 하는 일에도 매우 긍정적인 영향을 미친다.

육아와 직장생활에 전념하느라 한동안 잊고 있었던 꿈을 실현하기 위해서도, 자신이 좋아하는 취미생활을 하며 인생 2막을 열고자 하는 사람들에게도 자기계발 하는 시간은 꼭 필요하다. 그 시간은 자연스레 자극도 되고 동기부여도 될 것이다. 자칫 자신의 삶에서 자신보다 아이와 가정,

당신의 책상 속에 육아의 답이 있다

일에만 충실하다 보면 어느 순간 '정체성 콤플렉스'를 만나게 된다. 자기계발을 하는 사람이라면 이런 콤플렉스에 절대 시달리지 않을 것이다.

32
일하는 엄마, 죄인일까?

신학기가 조금 지났지만, 상담 오는 엄마들이 있다. 육아휴직으로 잠시 쉬고 있던 엄마는 복직을 앞두고 아이를 데리고 왔다. 육아수당을 받고 잠시 집에서 데리고 있던 엄마는 이제 아이가 컸기 때문에 또래들과의 사귐이 중요하다고 말한다. 상담 내용 중 빠지지 않는 하나는 육아의 어려움에 대한 엄마들의 하소연이다.

상담하러 오는 엄마들은 대부분 최선을 다하고 있다. 그런데도 무언가 불안해하며 자신이 잘하고 있는지 누군가에게 확인받고 싶어 한다. 심지어 자신이 제대로 엄마 역할을 하지 못한다고 자책하거나 죄책감을 느끼기도 한다. 얼마 전에도 복직을 앞둔 엄마가 어린이집에 상담 와서는 처음 만나는 나에게 눈물을 보였다. 사회적 배려가 아직 부족한 우리 사회에서 일하는 엄마의 가장 큰 어려움은 아마도 육아일 것이다.

그렇다면 정말 일하는 엄마는 죄인일까?『일하는 엄마는 죄인인가』를 쓴 실비안 지암피노는 이 문제를 두 가지 관점으로 나누고 있다. 첫 번째는 엄마이기 때문이고 두 번째는 여자이기 때문이다. 그러면 밖에 나가 일하지 않는 전업주부인 엄마는 어떤가? 역시 죄인이라고 생각하게 되는 것이다. 직장에 다니는 엄마는 항상 아이 곁에 있어 주지 못한다는 사실 때문에 죄의식을 느낀다. 반면 전업주부인 엄마는 자녀에 대한 자신의 인내심이 부족한 것은 아닐까, 혹은 아이가 너무 엄마 품에만 있어서 자립심이 부족해지지는 않을까 걱정한다는 것이다. 이에 대한 해법을 다음과 같이 제시하는데 현재 우리가 사는 사회에 시사하는 바가 크다.

> 우리가 가장 먼저 바꿔야 할 인식은 자녀의 건강, 안정적인 삶, 교육 문제를 사회나 부부가 함께 해결할 과제로 생각하지 않고 오로지 여성만 짊어져야 할 짐이라 여기는 관습적인 생각이다. 사회와 남성, 여성이 각자 주어진 역할과 책임을 다함으로써 모두가 만족스러운 삶이 가능해지는 순간, 우리의 아이들은 지금보다 훨씬 더 잘 자랄 수 있을 것이다.

근래에는 각종 매체에서도 아빠의 육아를 다룬다. 〈아빠 어디가?〉 같은 프로그램은 대표적인 예가 될 것이다. 공중파에서 다루니 파급효과가 커서 아빠의 육아에 대한 사회적 인식에 긍정적인 영향을 끼치고 있다. 무척 좋은 현상이라고 생각한다. 근래 어린이집에 아내와 함께 아이 상담에 오는 아빠도 예전보다는 늘었다.

하지만 아직도 아빠의 육아 참여가 아주 많이 늘어났다고는 보이지 않는다. 어린이집의 경우만 보더라도 아직은 아이를 등. 하원 시키는 것은 주로 엄마다. 요즘 엄마들은 육체적, 정신적으로 많이 지쳤다. 특히 자

당신의 책장 속에 육아의 답이 있다

녀를 기르고 교육하며 동시에 남편과 함께 맞벌이해야 하는 직장맘은 거의 탈진상태가 아닐까. 현실에서 육아와 직장 사이의 절충점을 찾는 문제는 항상 엄마들의 몫이다.

'일하는 여성이 직장과 가정 사이에서 균형을 맞추려고 애쓰는 것은 인간이 예수의 성배를 찾으려 애쓰는 것만큼이나 어렵다.'라는 말이 있을 정도다. 좋은 엄마라면 자녀 때문에 죄책감을 느끼지 말아야 한다는 말에 귀를 기울여야 한다.

외부의 압력과 본인의 내적 부담감에 힘들어하는 엄마들은 의식적이든 무의식적이든 자주 죄의식에 사로잡힌다고 한다. 그리고 이런 상태가 지속되면 결혼생활, 가정생활, 직장생활에 부정적인 영향을 초래한다. 엄마가 죄의식을 느끼면 당연히 아이에게도 좋지 않다.

'아이 한 명을 키우는 데 온 마을이 필요하다'는 말이 있다. 양육은 엄마만의 몫이 아니다. 사회와 주변 사람들이 모두 함께 힘을 모아야 하는 과정이다.

33
'엄마가 없는 동안' 아이는 어땠을까

《한겨레》의 '삶의 창'이란 코너에 칼럼을 쓰고 있는 하성란 작가. 그녀의 글은 일상생활의 애환을 소소하게 잘 그리고 있어 공감을 얻고 있다.

얼마 전에는 '엄마가 없는 동안'이란 칼럼을 썼다. 어쩌면 이렇게 일하는 여성들의 마음은 다들 비슷할까 하는 생각이 들었다. 존 쿠체의 장편『엘리자베스 코스텔로』가 칼럼에 등장하는데 이 소설에는 작가를 엄마로 둔 아들이 등장한다.

소설 속에서 엄마는 매일 아침 글을 쓴다는 이유로 그와 동생을 떼어 놓고 방으로 들어가 방문을 잠가 버렸다. 어떤 상황에서도 아이들은 엄마에게 갈 수 없었다. 잠긴 문 앞을 서성이며 칭얼대도 문은 열리지 않았고 아들은 자신을 불행하고 외롭고 사랑받지 못하는 아이라고 생각하며 자랐다. 그는 서른셋이 될 때까지도 엄마가 쓴 소설을 읽지 않는다. 그것이 글을 쓴다고 이유로 자신들을 방에 들어오지 못하게 한 엄마에 대한 복수인 셈이다. 아들은 성인이 된 뒤에도 어릴 적 상처를 그대로 가지고 있다.

『엘리자베스 코스텔로』를 아직 읽어보지 못했지만, 칼럼을 읽고 꼭 사보고 싶어졌다. 하성란 작가가 느꼈던 감정, 그 형편이 지금의 내 모습과 겹치기 때문이다.

소설 도입부의 이 짧은 장면을 지금까지 기억하고 있다는 작가 하성란 또한 일하는 사람이다. 소설에 나오는 엄마와 같은 직업인 소설가다. 하성란 작가도 새로운 일을 시작했을 때 어린아이를 친정엄마에게 맡긴 경험을 가지고 있다. 막 돌이 지나 여기저기를 헤집고 다니는 아이를 친정에 맡기던 날이 떠올랐다고 한다. 혹시나 따라간다고 투정부릴까 봐 슬그머니 일어나 현관으로 나오는데 거실 쪽에서 엄마를 찾는 아이의 목소리가 들렸다고 한다. 발길이 떨어지지 않았다. 다음 날 아침, 밤새 엄마를 찾지 않고 잘 잤다고 그렇게 대견할 수가 없다고 전화를 걸어온 친정엄마

당신의 책장 속에 육아의 답이 있다

옆으로 아이의 목소리가 들렸다고 한다. "어마, 어마!" 그 심정을 알고도 남음이 있다.

나는 큰아들이 아직 어릴 때 둘째 딸을 낳았다. 딸은 황달이 있었고 나는 제왕절개 수술한 곳이 덧이 났다. 어차피 몸조리도 필요하고 딸의 황달기에 나의 몸이 그러니 큰 아이는 전주에 있는 할머니 집으로 보냈다. 우리나라 나이로 세 살, 개월 수로는 17개월이 조금 지난 시기였다. 그때는 별문제 없을 줄 알고 어쩔 수 없다고 생각했다.

할머니는 아이들의 막내 고모, 몸이 불편한 할아버지와 함께 살았다. 할머니의 평상시 성품으로 보아 나보다 더 자상하고 세세하게 아들을 잘 보살폈을 것이다. 그러나 아들은 낮에는 시장도 졸졸 잘 따라 다니고 잘 지냈지만, 밤이면 엄마를 자주 찾았다고 한다. 이불에 오줌도 자주 쌌다고 했다. 어둠이 내리면 대문을 가리키며 집에 가자고 했단다.

몸조리가 끝나고 아이가 집으로 돌아오던 날을 잊지 못한다. 뭔가 불안한 아들은 머리가 덥수룩하게 길어 있었고 이리저리 방안을 돌아다니며 우왕좌왕하는 모습이었다. 가장 결정적인 것은 그 와중에 반가웠던 나의 마음은 아랑곳없이 엄마인 나와 눈을 마주치지 않고 피했다.

그때의 상처 때문만은 아니겠지만, 아들은 중2 때부터 고등학교 시절까지 내내 방황했다. 지나고 보니 그것은 엄마와의 '애착관계'에서 만족하지 못한 결과가 아니었나 싶다. 아들은 여동생 말고도 그 뒤로 남동생 하나를 더 두어야 했으니 엄마의 사랑을 맘껏 받아보지 못한 상처가 컸을 것이다.

큰 아이는 초등학교에 다니던 어느 날 "왜 나는 동생이 둘이나 돼?"라고 묻기도 했다. 일하느라 정신없이 바빴던 엄마, 그리고 연년생 동생들, 그런 아이의 마음을 미처 헤아리지 못했고 지혜롭게 대처하지 못했다. 그 세 명의 아이 중 중간에 끼여서 자신의 목소리를 충분히 못 낸 착한 아이로만 여겼던 딸아이의 방황도 있었음을 고백한다. 착한 딸이 자신의 속마음을 꼭꼭 숨겨놓았었다는 것을 나중에야 알았다. 홍역처럼 지독한 육아 성장 통증을 겪었다.

34
할아버지, 할머니 품에서 자라는 아이들은 다르다

'할머니 할아버지가 키워서 달라'라는 말은 어투에 따라 상황에 따라 정반대의 의미다. 한 지방자치단체에서 20~60대 여성 700명을 설문 조사한 결과를 봐도 '조부모가 키워서 다르다'는 말의 이중성이 드러난다. 조부모에게 자녀 양육을 맡겼던 여성들은 자녀들의 인성이 풍부해지고(45.0%) 건강상태가 향상됐다(19.5%)는 점은 인정했지만 아이가 버릇이 없어지고(56.6%), 생활습관이 나빠졌다(26.3%)는 부정적인 의견도 말했으며 이는 높은 비율을 차지했다. 이런 장단점을 인정하면서도 10명 중 7명의 여성이 조부모에게 자녀 양육을 맡겼다.
– SBS 스페셜 제작팀, 『격대 육아법의 비밀』

당신의 책장 속에 육아의 답이 있다

조부모가 육아를 담당하는 경우 그 이유는 압도적으로 직장생활, 사회생활 유지가 많다. 단기적으로는 둘째를 출산하거나 여행, 연수 등의 개인적인 일로 잠시 아이를 조부모에게 보내는 경우도 있다. 위의 조사를 보면 알 수 있듯 조부모에게 양육을 맡기면서도 부모들의 마음을 두 갈래로 나뉜다. '혈육에 대한 애정이 있어 믿을 수 있지만, 마음에 차지 않는 부분이 있다는 것'는 것이다.

그러나 최근 주목할 만한 연구결과가 나왔다. 조부모와 오랜 시간 함께 지낸 아이들은 어린 시절뿐 아니라 10대에 이르러서도 긍정적인 영향을 받는다는 것이다. 자녀에 대한 기대치가 높고 결과 위주로 판단하며 늘 채근하고 감정조절에 서투른 부모보다, 아이들에게 눈높이를 맞추고 과정 위주로 칭찬하며 늘 사랑하고 평온한 감정을 심어주는 조부모의 교육 효과가 더 좋다는 것이다.

아이를 낳고 조부모와 육아를 분담하기 위해 집 근처로 이사를 오거나 직장을 다니느라 조부모에게 아이를 맡기는 경우, 조부모와 아이 엄마의 육아 가치관이 달라 갈등이 생기기도 한다. 조부모가 아이를 봐주는 일이 흔해지자 '조부모가 아이 돌보는 가정 위한 행복한 손주 돌봄 가이드북'도 나왔다.

충북사회서비스지원센터가 발간한 지침서에는 조부모가 손자를 돌보면서 발생하는 문제 대처법, 며느리·자녀 등과의 갈등 해소법, 의사소통 방법 등이 조목조목 제시돼 있다.

먼저 손자를 돌보려면 △가족 간 사랑과 배려 △역할 분담 약속 △아이 돌봄 기술 △가족 간 양육 방식 합의 등 4가지가 준비돼야 한다. 갈등을 줄이려면, 부모는 조부모에게 △돌봄 시간 미리 정하기 △무리한 가사 요구 금지 △개인 모임 배려 △건강 챙기기 △적당한 금전으로 감사 표시 △돌봄 방식 존중 등이 필요하고. 조부모는 부모와 양육 방식을 정하고 신세대 돌봄 방법을 배우는 것이 필요하다.

덧붙여 가족 간의 바르고, 그른 의사소통도 예를 들어 소개하고 있다. 인사는 제대로 얼굴을 보면서 한다거나 야근 등으로 늦으면 미리 연락하는 것이 바람직하고 조부모도 '왜 이렇게 늦니'라고 채근하지 않도록 배려하라는 것. 맞벌이 가정 64.5%가 조부모에게 손자를 맡기고 있는 현실을 반영해 이 책이 발간됐다고 한다.

어린이집에서도 원아의 엄마와 할머니의 의견이 맞지 않거나 양육 방식이 다른 경우를 가끔 보게 된다. 어린이집에서도 요즘은 조부모나 부모를 대신 해 양육해 주는 분들과의 소통과 교감에도 부모교육만큼의 배려를 해야 하는 이유가 여기에 있다.

조건 없는 사랑은 부모에겐 쉽지 않다. 부모들은 아이를 이끌어야 한다. 옳고 그른 것을 가르쳐야 하고 하기 싫은 것도 시켜야 한다. 정도의 차이가 있겠지만 이 과정은 상처를 남긴다. 지나친 상처는 반드시 피해야겠지만 상처는 불가피하다. 상처를 남기고 싶지 않아 뒷걸음치고 흔들리는 부모들은 결국 아이에게 더 큰 상처를 입힌다. 아이는 부모가 절실하지만 많은 순간 부모에게 불만을 갖는다. (…)

당신의 책장 속에 육아의 답이 있다

조부모는 아이의 이런 바람에 가장 근접해 있다. (…) 상징으로서의
할머니는 언제나 사랑으로 아이의 모든 것을 받아준다. 할아버지는
따뜻하게 미소 지으며 언제나 아이 편이 되어 준다.
– 서천석, 『그림책으로 읽는 아이들 마음』

'할아버지와 할머니는 아이의 미래다.'라는 말은 소아 정신과 의사 서천석이 쓴 『그림책으로 읽는 아이들 마음』에 나온다. 그는 '조건 없는 사랑은 부모에겐 쉽지 않다'고 말한다. 이런 부모에게 불만을 느끼는 아이는 '자신의 소망을 충족시켜 줄 수 있는 존재를 그리워하며 그리움을 만족시켜 줄 상징적인 존재가 필요'하다는 것이다. 그 역할을 할 수 있는 사람으로 조부모를 꼽고 있다.

Part 4

놀이로 크는
아이들

35

스마트폰으로 잃어버린 것들에 대한 묵념

스마트폰으로 잃어버린 것들에 대한 묵념, 고개를 들면 소중한 사람, 소중한 순간들이 당신 곁에 있습니다.

공익광고 문구다. 아이들도 위 문구처럼 스마트폰에 의해 부모와의 상호작용, 놀이와 체험, 경험과 상상을 할 기회를 잃어버리고 있어 우뇌의 발달 적기를 빼앗기고 있다. 부모와의 스킨십이 가장 필요한 시기에 스킨십의 부족으로 욕구불만이 생기고, 분노와 폭력을 부추기는 신경망이 불균형적으로 발달해 아이에게 악영향을 끼친다.

카페나 식당에 가면 어김없이 등장하는 풍경이 있다. 젊은 부모가 아이를 데리고 오는 경우, 어른들은 차를 앞에 두고 대화를 나누고 아이들은 따로 스마트폰이나 태블릿을 보고 있다. 마치 아이들은 어른의 시간을 방해하는 존재로만 그곳에 있는 듯하다. 아이가 중간에 칭얼대기라도 하면 어른들은 금방 새로운 만화나 영상을 틀어준다. 아이들은 자기 스스로 화면을 터치해서 보기도 한다. 한창 움직임이 활발해야 하는, 집중력이 짧은 아이들은 이렇게 자극이 강한 스마트폰에 무방비로 노출되어 있다.

어린아이의 주의집중력은 아주 짧다. 생후 12개월의 아기는 채 5분이 되지 않고 만 22세 아이는 7분 정도, 만 3세 아이는 9분, 만 4세 아이는 12분 정도에 불과하다. 어린아이들은 다소 부산스러운 존재로 집중 시간이 짧아서 블록을 만지다가도 자동차를 가져오고, 인형을 가져온다. 그만큼 진득하니 앉아서 무엇을 한다는 것이 어려운 나이다. 그러므로 한 자리에서 꼼짝하지 않고 화면을 들여다보고 있다면 그만큼 그 영상물은 자극적이고 아이들에게도 안 좋은 영향을 미친다고 볼 수 있다.

아이 두뇌 박사 김영훈은 '이제부터라도 아이가 스마트폰을 가지고 노는 것을 그만두게 하라'고 강하게 경고하고 있다. 스마트폰은 중독성이 강하다. 아이가 울면 무작정 '스마트폰'을 손에 쥐여 주는 경우가 있다. 아이는 스마트폰을 쥐는 순간 거짓말같이 울음을 그친다. 스마트폰의 좋지 않은 영향에 대해 부모들이 모르는 것도 아니다. 단지 아이를 돌보다가 달래기 힘든 경우 급하게 사용하거나 다른 일을 해야 할 때 스마트폰을 이용하는 정도는 괜찮다고 생각한다.

그러나 어른들도 드라마에 중독되면 하던 일도 멈추고 집으로 드라마를 보러 달려가는 것처럼 아이들은 조절력이 약하기 스마트폰의 안 좋은 영향에 더 취약하다. 무엇보다 큰 문제는 부모의 일관성 없는 태도다. 어떤 때는 한정 없이 보게 하고 어떤 때는 좋지 않으니 보지 말라고 한다면 아이는 혼란에 빠진다.

전문가들은 '오늘은 40분, 내일을 30분으로 점점 사용 시간을 줄이는 방법이 아니라 지금 당장 그만두어야 한다.'고 말한다. 대신에 부모와 함께 공놀이, 술래잡기, 달리기 등을 적극적으로 해야 한다고 조언한다. 입체물이 튀어나오는 팝업 북 등을 이용해 아이의 주의를 끌고 특별히 아이가 좋아하는 관심사나 상황 등을 제시하는 것도 좋은 방법이라고 한다. 스마트폰, 편리한 만큼 독이 될 수도 있다는 양면성을 꼭 기억해야겠다.

36
두뇌가 발달하면 연령별 놀이도 진화한다

『놀이의 반란』을 보면 두뇌가 발달함에 따라 아이들의 놀이도 진화하는데 단순한 반복놀이에서부터 경험을 대입하는 놀이, 규칙과 질서를 이해해야 하는 놀이까지 다양하게 변화한다. 이것은 뇌의 발달에 맞는 놀이를 아이 스스로 선택하면서 진화하는 일종의 본능이라고 한다.

12개월 전후의 아이들은 장난감을 쥐어주면 입으로 먼저 가져가고 일부러 떨어뜨리거나 던지기도 하고 같은 동작을 여러 차례 반복하기도 한다. 이런 행동으로 오감의 뇌가 발달하나. 24개월까지는 감각운동기 탐색 놀이, 반복 놀이가 계속된다. 24개월 이전은 시각, 청각과 같은 오감이 발달하고 감정, 논리, 운동발달의 뇌까지 모두 발달하는 시기로 이 시기는 '탐구의 시기'라고 말한다. 오감을 전체적으로 파악하고 세상을 탐구하는 시기이기 때문이다.

25~48개월까지는 전조작기, 상상놀이, 역할놀이가 발달한다. 24개월이 지나면서 좌뇌와 우뇌를 연결하는 '뇌량(좌우 대뇌반구 사이에 위치해 두 반구를 연결하는 신경 다발)'이라는 것이 발달하기 시작한다. 피상적으로 기억하는 지식과 실제적인 경험이 합쳐지는 시기다. 따라서 이 시기에는 자연을 직접 보여주는 체험 교육이 상당히 중요하다고 한다.

소풍놀이는 이 시기의 아이들이 흔히 하는 상상놀이의 일종이다. 아이들은 책에서 얻은 지식이나 과거의 경험들을 놀이로 재현한다. 이러한 놀이의 반복을 통해 아이들은 세상에 대한 지식을 쌓아간다는 것이다. 역할놀이도 이 시기 아이들이 즐겨 하는 놀이 가운데 하나다. 역할놀이는 상상력이나 창의력이 있어야 하는데, 아이는 스스로 엄마가 되거나 의사가 되거나 선생이 되기도 한다. 다른 사람의 역할을 놀이로 표현함으로써 타인의 처지를 이해하고 공감하는 능력이 생기는 것이다.

48개월 이상은 전 조작기로 협동놀이가 가능하다. 아이들의 놀이에도 변화가 생기기 시작하는데 친구와 함께 놀이할 때 의견이 충돌하거나 마음이 맞지 않는 경우가 발생하기도 한다. 이때, 아이들에게 이를 해결하고 극복하는 능력이 생기게 된다. 친구들과 함께하기 위해선 어떻게 행동해야 하는지를 알아가는 과정에서 사고력과 판단력이 길러지는 것이다.

사회적인 상호작용이나 놀이를 통한 경험은 인간의 뇌 발달에 큰 영향을 미친다. 사회적인 상호작용이나 놀이를 하게 되면 인간의 뇌 속에는 혼자 있을 때 발견할 수 없는 특정한 활동 패턴이 생기기 시작한다. 반복적인 두뇌 활동은 시간이 흘러감에 따라 뇌 속에 각인되는데 이것은 운동을 반복하면 팔다리에 근육이 생기는 것과 마찬가지다. 왜 놀이가 중요한지는 그 이유는 이런 사실만으로도 충분하지 않을까?

당신의 책상 속에 육아의 답이 있다

37
'생활 속 자연놀이', 이렇게 해 보자!

『생활 속 자연놀이』란 책은 많은 생태 관련 책 중에서도 내가 굉장히 신뢰하는 책이다. 자연놀이에 자연스럽고 편안하게 접근하는 방법과 사례들을 책에 잘 옮겨 놓았다.

'집 가까이에 있는 자연에서 지금이 아니면 할 수 없는 놀이'들을 해 볼 수 있도록 구성했고 '멀리 나가는 자연이 아니라 늘 우리 곁에 있는 자연에서 아이와 엄마, 아빠가 함께할 수 있는 놀이'를 소개하고 있기 때문이다. 특별할 것도 없고, 많은 준비물을 갖춰야 하는 놀이도 아니라는 점에서 부담이 없다. 솔잎 빗자루 만들기, 나무 안아주기 놀이, 낙엽왕관 만들기, 숲 속 요정 밥상 차려주기, 눈 케이크 만들기 등 80개의 놀이를 만나볼 수 있다. 저자 정진희는 장난감 만드는 엄마로도 통한다. 아이들의 장난감 만들기에 통달한 저자가 이번에는 자연물을 이용한다는 점이 이 책에서는 다르다. 장난감 만드는 엄마의 자연놀이다.

책 내용 중 '나뭇잎은 자연이 준 색종이자 장난감'이라는 문장을 정말 좋아한다. 자연의 즐거움을 표현한 최고의 문장이다. '나뭇잎 도장 찍기'라던가 '나뭇잎 퍼즐' 혹은 '나뭇잎 왕관' 만들기 등은 자연이 준 색종이 나뭇잎으로 만들 수 있는 것들이다. '놀이터랑 공원에서 하는 집밖놀이'로는 들꽃과 들풀을 활용한 놀이가 있는데 이만큼 재밌고 쉬운 것도 없다. 주변에서 흔하게 만날 수 있는 소재들이기 때문이다. 어느 공원이나 주변 산책로, 아파트 화단에서도 '제비꽃'은 흔하게 접할 수 있고 민들레

와 토끼풀도 자주 만날 수 있다. 이 꽃들을 이용한 '꽃반지와 꽃목걸이 만들기'는 오래전부터 내려오는 인기 들꽃 아이템이다.

'나뭇잎으로 염색한 손수건' 공터마다 흐드러지게 올라가는 환삼덩굴을 이용한 '환삼덩굴 브로치'. 그리고 겨울을 제외하고 아니 겨울에도 날아가지 않은 민들레 씨앗을 가끔 만날 수 있는데 4계절 내내 할 수 있는 '민들레 씨 불기' 등도 흔하게 할 수 있는 자연놀이다. 쉬운 놀이는 또 있다. 바로 '나무 안아주기 놀이'이다. 주변에 있는 나무에게 '안녕!' 하고 인사하고 자연스럽게 팔을 돌려 안아주면 끝이다. 나이가 어려도 많아도 할 수 있는 나무와의 '프리허그'인 셈이다.

6월의 녹음과 함께 여름이 깊어 간다. 그러면 수생식물을 만나러 계곡으로 달려가자. 숲에서 먹을 수 있는 간식도 맛볼 것이다. 봄에는 '봄나물 카나페'와 눈으로 먹는다는 '화전과 쑥전'을 먹을 수 있다면 여름에는 주변에 지천인 달콤한 열매들로 간식을 만들어 보자. 새까만 산뽕나무의 오디도 지천이고 빨간 산딸기도 있다. 계곡에 가면 가재랑 인사도 하고 나뭇잎 배도 띄워볼 수 있으리라. 계곡 물에 씻겨 말개진 예쁜 돌멩이로 놀이도 하고 봉선화 꽃으로 손톱에 물도 들일 수 있을 것이다.

도시 주변에는 높고 낮은 산들이 둘러 서 있는 경우가 많다. 산이 많은 우리나라에서는 더욱 그렇다. 거기에 1년 365일 사계절 뚜렷한 나라에 살고 있으니 혜택을 받은 것임은 틀림없다. 녹음이 우거지는 6월, 전염병으로 학교가 휴학을 하고 외출을 꺼리는 등 온 나라가 긴장하고 있는 가운데서도 주변 산책로에는 아이와 어른의 발길이 끊이지 않음을 볼 수 있다. 자연은 이렇게 믿음을 주는 곳인가 보다.

당신의 책장 속에 육아의 답이 있다

어린이집 아이들을 데리고 산책하러 나가는 일이 많다. 이때 만나는 주변 자연환경을 좀 더 이해하기 위해 한동안 돈 내고 생태 공부를 했던 적이 있다. 시골에서 나고 자랐으니 식물 등 자연환경은 당연히 익숙하리라 생각했다. 그리고 만만하게 생각했다. 그런데 생태공부를 하면서 이런 생각이 바뀌었다. 자연과 주변 환경에 참 많이 무지했고 무관심했다는 사실을 깨달았다. 마치 우리가 늘 숨 쉬게 해 주는 공기의 고마움을 모르듯.

"자연과 가까이 지낸다는 건 아이에게 착한 요정을 만들어주는 일이다. 이 일의 적임자는 바로 아이와 가장 가까운 어른들이며, 반대로 아이는 어른의 착한 요정이 되어줄 것이다. 이렇게 신비롭고, 신나고, 멋진 일을 마다할 이유가 없다. 늘 곁에 있는 자연을 외면할 이유가 없다. 가장 가까운 곳에 있는 자연이 최고의 장소이며, 지금이 가장 좋은 계절이다." 라는 저자의 말에 한 번 더 귀 기울여 보자. 지금이 시작하기 딱 좋은 계절이니까.

38
아이의 두려움과 불안에 공감하라

『엄마는 아이의 불안을 모른다』를 쓴 로렌스 R. 코헨은 놀이치료 전문가이자 심리학자다. 그는 부모와 교사, 육아 전문가를 대상으로 '놀이육아 워크숍'을 운영한다. '놀이 육아법'은 놀이를 통해서 아이들이 자신의 두려움을 직시하고 불안감을 해소할 수 있도록 도와주는 놀이법이다.

그런데 그가 말하는 놀이 육아법은 그저 신나게 노는 것이 전부는 아니다. 아이들은 긴장하기도 하고 문제 행동을 일으키기도 하고 원하는 일이 이루어지지 않아 욕구불만이 생기기도 한다. 이럴 때 아이들을 자상하게 이끌어줘야 하는 것은 어른이라는 것이다.

또한, 아이들 스스로 '정당한 이유'가 있다고 생각하지 않는 한, 그들에게 울지 마라, 화내지 말라 하고 다그치는 것은 결코 아이들이 받아들일 수 없는 감정이라고 말한다. 그렇게 함으로써 오히려 아이들과 공감하고 이해하는 능력을 놓치게 된다. 로렌스가 말하는 놀이 육아법은 유아기부터 열두 살까지의 시기에 활용하면 가장 좋다고 한다.

저자가 말하는 아이의 불안감은 가벼운 수준부터 극심한 수준까지 다양하다. 이따금 찾아오는 경우도 있지만 거의 지속해서 이어지는 경우도 있어 발생빈도도 천차만별이라고 말한다. 아동기 불안감이 유발하는 괴로움은 여러 형태로 나타난다. 불안감의 증상으로는 대체로 심장이 빨리 뛰고, 호흡이 가빠지고, 몸이 굳고 가슴이 벌렁거리고 뱃속이 울렁거리고 몸이 떨리고 진땀이 나고, 피부가 뜨거워지거나 차가워지는 등 육체적 긴장, 잦은 소변, 소화 장애, 야뇨증 등이 있다. 또한, 모든 것에 대한 불안한 생각, 믿음, 걱정 등이 있고 우리가 흔히 볼 수 있는 손톱 물어뜯기, 머리카락 당기기, 꼼지락거리기, 옷 깨물기 등도 있다. 벌레, 침대 밑의 괴물 등 실제로 존재하거나 상상 속에 존재하는 특정 대상에 대한 두려움도 있는데 불안, 걱정, 공황 상태, 두려움, 늘 조심하는 감정 상태를 말한다.

불안감이 없는 사람은 드물 것이다. 지금 군에 가 있는 막내아이는 불안감이 심했다. 셋째 아이인데 어쩌면 이 사실만으로도 불안 요소를 가지고 태어났다고 할 수 있다. 이십 년 전에 한 집에서 셋째로 태어난다는 건 특별한 일이었다. '둘만 낳아 잘 기르자'라는 캠페인이 성행했고 급기야 출산할 때 보험료혜택도 주지 않겠다고 엄포하던 시절에 태어났다. 임신부터 출생까지 엄마인 나의 걱정이 많았고 불안이 심했다. 그래서일까? 아이는 유난히 불안감이 심하다.

아이는 스스로가 생각해도 쓸데없는 생각이 너무 많다고 말했다. 깊이 잠이 들지 못할 때도 잦았다. 비행기를 타야 하는 수학여행도 가지 않았다. 비행기 타는 것이 무섭다고 했다. 고등학교에 진학해서는 원하는 학교에 가지 못했고 급기야는 대중교통 버스를 타지 못했다. 배가 아파서 중간에 자꾸 화장실을 가야 했기 때문이다. 그래서 학교 다니는 3년 동안 직접 학교에 데려다줬다. 다행히 하교 시간에는 괜찮았다. 여러 가지 원인이 있었겠지만 이런저런 이유가 아이를 불안하게 만들지 않았을까 하는 생각이 든다.

로렌스는 아이들의 두려움은 정당하다고 말한다. 그러기에 우리 어른들이 할 수 있는 일로 아이의 불안을 인정하고 공감하는 것을 꼽았다. 아이의 두려움을 대수롭지 않은 것이라고 무시하기보다는 공감해야 한다고 말한다. 부모는 아이를 안심시키고 침착하게 만들고 고통을 덜어주려고 '괜찮다'고 말하기 쉬운데 아이에게 이 말은 별로 도움이 안 된다. 먼저 공감해야 한다. 그것이 아이의 불안과 두려움에 다가서는 가장 큰 첫걸음이다.

39

아이의 사회성을 높이는 방법

아이들에게 사회성이란 일상생활을 해 나가는 힘을 말한다. 친구와 사이좋게 지내기, 규칙 지키기, 자신의 감정 전달하기 등을 사회성이라고 부를 수 있다. 걷기 시작하고 자기 생각을 조금씩 표현하기 시작하는 24개월 전후, 가정에서의 보육이 힘들다고 하소연하며 어린이집 문을 두드리는 경우가 많다. 요즘은 그 월령이 더 낮아져서 18개월 전후나 그 이전까지 내려가고 있다. 아이가 더는 혼자 놀려 하지 않고 자꾸 밖에 나가자고 손을 이끌고 심지어 베란다에 매달려서 밖에 나가고 싶어 한다는 것이다.

놀이터도 예전만큼의 기능을 하지 못하는 것 같다. 옛날에는 동네 공터나 놀이터에 가면 친구를 만나고 형이나 누나를 만나면서 자연스럽게 사회적 관계가 형성되고 사회성이 발달할 기회를 받았지만 지금의 놀이터는 예전과 사뭇 다르다. "놀이터에 가도 아이들이 없어요!"가 부모들이 전해오는 이야기다. 사회성은 어느 순간 발달하는 것이 아니다. 아주 어린 나이부터 서서히 발달해 간다. 그러므로 요즘은 부모 세대와 달리 자연스럽게 사회성을 배우고 친구를 사귈 기회가 적다는 점을 유념해야 한다.

박진균 소아청소년정신의학과 전문의가 쓴 '우리 아이 사회성을 높이는 5가지 방법'이란 글이 《한겨레》에 실렸다. 글을 보면 소심한 아이, 덤벙대는 아이, 으스대는 아이, "안 돼."라고 말하지 못하는 아이, 사회적

당신의 책장 속에 육아의 답이 있다

기술이 부족한 아이 등 다양한 기질의 아이들이 친구 사귀기에 어려움을 겪는다고 한다. 그리고 이 어려움은 곧 자존감의 저하를 가져오고 자아정체성 수립의 어려움으로 연결된다. 나아가 이런 경험으로 아이가 어른이 되었을 때 '고독한 아웃사이더'가 되어 사회적 성공에 걸림돌이 될 수 있다고 말한다.

미국의 심리학자이자 상담가인 나탈리 엘만의 말을 빌리자면 사회적 관계에서 책에는 나오지 않는 불문율(unwritten rules)이 있다고 한다. 그 사회적 관계의 불문율을 아이들에게 잘 가르쳐야 하는데 이 불문율이 통하는 방식은 어른의 경우와 아이의 경우가 다르다고 말한다. 아이들이 곧잘 표현하는 나이를 예로 들고 있다. 어른들의 세계에서는 첫 만남에서 상대방의 나이를 묻는 것이 실례지만 아이들은 나이 묻기가 자연스럽게 놀이로 연결되는 시작일 수 있다는 것이다. 엘만의 사회성 증진 방법을 다섯 가지로 요약하면 다음과 같다.

첫째, '아이의 선생님과 상의하라'이다. 아이는 집에서 보이는 모습과 어린이집이나 학교에서 보이는 모습이 사뭇 다를 수 있으므로 어린이집이나 학교 선생님과 상의하면 아이가 가정이 아닌 다른 곳에서 어떤 모습인지 가장 잘 파악할 수 있다는 것이다. 둘째, '사회성을 기를 기회를 제공하라'는 것이다. 요즘 많이 만들어져 있는 키즈 카페나 놀이터 등을 통해서 짧은 놀이 만남을 가지기를 권장하고 있다. 그러나 그중에서는 또래 친구를 버거워하는 아이들이 있다. 그럴 경우에는 친척 형이나 동생과 자주 만날 기회를 제공하라고 한다.

셋째는 이러한 사회성 증진 방법을 '천천히, 그러나 지속해서 노력해라'는 점이다. 신체단련의 방법을 안다고 하루아침에 '근육맨'이 될 수 없는 것처럼 사회성을 배우고 익히는 데에도 시간과 노력이 필요하다고 말한다.

그리고 네 번째, '부모의 믿음을 아이와 나누라'는 것이다. 아이가 친구들에게 놀림을 당하거나 작은 따돌림을 당하여 속상해서 집에 오면 부모는 아이 말을 잘 들어주고 위로해야 한다. 상황 파악이 어려우면 다른 사람을 통해서라도 상황을 더 자세히 알고 이해할 필요가 있다. 이때 부모가 문제에 직접 나서는 것은 아이가 자기 스스로 해결할 기회를 잃게 하므로 피해야 한다는 것도 잊지 않아야 한다.

마지막으로 '친절함을 가르쳐라'는 것이다. 사회성의 가장 핵심에는 '타인에 대한 친절함' 즉, '예의'가 있다고 한다. '약한 자를 괴롭히지 말고 타인의 마음을 상하게 하는 행동을 창피해하고, 괴로워하는 사람과 함께 울고 위로하는 것' 등이 사회성의 기본이라는 것이다. '타인을 무시하지 않으면서 자신의 권리도 적절히 주장'하는 것이 중요하다고 짚어 주고 있다. 또한, 부모로서 형제자매간에 서로 괴롭히는 것을 용납해서도 안 된다고 말한다. 사소한 다툼을 용인할 수는 있지만 지속해서 타인을 무시하고 존중하지 않는 행동은 교정해줘야 한다는 것이다.

당신의 책장 속에 육아의 답이 있다

40

장난감을 버려라! 아이의 인생이 달라진다!

심리상담가 중에는 자신의 심리적인 문제를 이해하기 위해 공부하다 상담가의 길로 들어서는 경우가 많다. 관심을 두고 공부하다 보면 그것이 곧 자기 일이 되기도 하는 것이다. 여기 『장난감을 버려라 아이의 인생이 달라진다』의 저자 역시 그러하다. 어릴 때부터 장난감을 좋아했던 저자는 아이 아빠가 되어 아이에게 장난감을 사주는 것이 애정표현이라 생각한다. 급기야 장난감에 다양한 접근을 하기 위해 취재를 나섰다가 '토이증후군'이란 것이 있다는 사실을 알고 경악하게 된다. 장난감도 중독된다니!

> 독일이나 프랑스 같은 교육 선진국에서는 초등학교 입학 전 아이들이 컴퓨터와 인터넷에 접촉하는 것 자체를 법으로 제한하고 있다. (…) 그러나 우리의 아이들은 자연을 잃어버리고 놀이도 잃어버리고 아이다움도 잃어버리고 '양계장의 닭'처럼 몸과 마음이 병들어 가고 있다. 부모들은 교육용이라는 미명 하에 팔리고 있는 각종 플라스틱 장난감들이 오히려 아이들의 몸과 마음 그리고 영혼을 병들게 한다는 사실에 주목해야 한다.
> – 부산대학교 유아교육학과 임재택 교수

생태수업을 연구한 교수의 이야기다. '무심코 쥐여준 장난감이 가져오는 엄청난 재앙'이라는 표현만으로도 끔찍한 '토이증후군'에 대해 잘 알아보고 아이의 장래를 위해 부모가 장난감에 대해 제대로 알아야 한다. 이제라도 부모라면 장난감에 대한 새로운 시각을 가져볼 필요가 있다.

> '장난감 없는 유치원 프로젝트'를 진행해 본 결과 아이들은 장난감 없이도 잘 놀았다. 처음에는 장난감이 없어 우는 아이도 있고 야외활동에 참여하지 않으려는 아이도 있었지만 아이들은 차차 스스로 장난감을 만들고 서로의 의견을 교환하여 협력해 가는 모습을 보였다.
> – 중앙대학교 아동복지학과 이숙희 교수

스스로 장난감 중독을 내버려두는 부모는 아닌지 점검해 보자. 전문가들은 아이와 노는 법을 모르고 장난감에 의존해 아이를 기르는 부모를 '장난감 중독 부모'라고 이야기한다. 아래 문항 중 5개 이상의 항목이 체크됐다면 장난감 의존도를 재고해 보아야 한다.

- 아이와 시간을 많이 못 보내는 게 미안해서 장난감을 살 때가 있다.
- 아이가 장난감을 갖고 노는 동안 집안일을 하거나 TV를 본다.
- 아이와 30분 이상 노는 것이 부담스럽다.
- 최근 유행하는 장난감과 교구를 매번 사주는 편이다.
- 모든 놀이는 학습 효과가 있어야 한다고 생각한다.
- 정교하고 세밀한 장난감일수록 교육적 효과가 크다고 생각한다.
- 집 밖에 나갈 때는 장난감을 서너 개씩 꼭 챙긴다.
- 우리 아이는 한 종류의 장난감을 열 개 이상 가지고 있다.

당신의 책장 속에 육아의 답이 있다

– 우리 아이는 새로 사준 장난감에 금세 싫증을 내는 일이 잦다.

– 여러 종류의 장난감을 늘어놓은 뒤 아이가 원하는 것을 고르게 한다.

41
'흰쌀 명상'은 흰쌀로 할 수 있는 미술 퍼포먼스다!

'흰쌀 명상'은 『비울수록 가득하네』를 쓴 정목 스님이 권하는 명상 방법이다. 모래 놀이 치료방법이나 콩이나 밀가루로 하는 미술 퍼포먼스와 닮았다. 어른들이 어린 시절, 들과 산에서 나온 각종 열매나 곡식들로 하던 놀이가 지금은 명상이나 퍼포먼스 형식으로 프로그램화되어 가는 것 같다. 그 중 정목 스님이 권하는 '흰쌀 명상'은 하기도 쉽고 준비하기도 쉬운 것이라 추천하고 싶다. 놀이터에 모래가 사라진 삭막한 도시에서 흰쌀 명상이 그것을 대신할 수 있겠다는 반가운 생각마저 들었다.

'흰쌀 명상'은 자신의 마음을 제대로 표현하지 못한 아이의 감정과 상처를 다독여 주는 명상이라고 한다. 아이가 뭔가 속상한 일이 있는 것 같은데 도무지 말을 하지 않거나 말을 해도 그 뜻을 부모가 이해할 수 없는 경우, 부모는 답답해서 "말을 분명하게 해야 엄마가 알 것 아니야? 울지만 말고 말을 해 봐."라며 아이를 다그치게 된다. 그럴 때 "너 몇 살인데 말도 제대로 못 해!" 하며 윽박지르는 것은 결코 아이에게 도움이 되지 못한다. 그럴수록 아이는 점점 더 달팽이처럼 속으로 움츠러들 뿐이라고.

정목 스님은 이런 경우 '흰쌀 명상'을 한 번 시도해 볼 것을 권하고 있다.

'흰쌀 명상'의 과정은 이렇다. 일단 준비물은 넉넉한 크기의 그릇, 쌀, 큰 종이 한 장이다. 그리고 먼저 아이를 초대한다. 아이에게 잠시 눈을 감게 하고 서너 번 깊은 호흡을 유도한다. 눈을 뜨게 한 후, 아이 앞에 쌀이 담긴 그릇을 놓아준다. 쌀이 바깥으로 흩어지지 않게 천천히 손을 넣어 쌀을 만져보게 하고 기분이 어떤지 물어본다. 그리고 아이가 하는 말에 "그렇구나."라고 말하며 공감하고 귀를 기울여 주면 된다. 억지로 어떤 말을 끌어내려고 하거나 아이의 표현을 교정해 주려 하지 말고, 자유롭게 느낌을 말하게 한다.

이번에는 엄마도 함께 손을 넣어 아이와 함께 쌀을 만져본다. 아이의 마음이 풀리도록 이 시간을 충분히 가져도 좋다. 충분히 쌀을 만지고 나면 아이에게 원하는 만큼 쌀을 덜어서 색종이 위에 놓게 한다. 색종이 위에 옮겨진 쌀 무더기와 알갱이들을 이용해서 손가락으로 그림을 그리게 한다. "지금 너의 기분을 쌀 그림으로 그려볼까?, 친구가 '바보야'라고 했을 때 네 마음을 그림으로 한번 그려볼까?"라는 말을 하면서 말이다.

아이에게 자신의 그림을 설명하게 하고 충분히 경청하는 것은 '흰쌀 명상'이 추구하는 가장 중요한 부분이다. 그런 다음 "이제 그림으로 그렸던 기분을 날려볼까?" 하면 된다. 요즘 국수나 밀가루, 소금, 콩, 보리 등으로도 다양한 퍼포먼스 미술 활동을 하는데 손으로 만졌을 때 촉감이 좋은 것이라면 모두 명상 도구가 될 수 있다는 생각을 해 본다.

흰쌀 명상은 처음에 큰 효과를 얻지 못할 수 있다고 한다. 왜냐하면, 아이가 어리다면 쌀로 장난을 치려고 하거나 마음을 그림으로 표현하는 것을 어려워할 수도 있기 때문이다. 그렇다 해도 실망하지 말고 쌀을 만지면서 아이와 대화한다는 기분으로 가볍게 할 것을 권하고 있다. 대신 아이는 쌀을 부드럽게 만지면서 마음의 위안을 얻고 마음대로 주물거리는 동안 스트레스와 억눌린 감정을 풀 수 있다고 한다. 또한, 감정을 표현하는 다양한 방법이 있다는 것도 함께 배울 수 있다는 것이다.

흰쌀 명상이 끝나면 쌀을 한곳에 모아 깨끗이 씻어 밥을 짓고 아이와 함께 맛있게 먹는 것도 '흰쌀 명상'을 하는 취지와 딱 맞아떨어지는 활동이 아니겠는가.

42
우리는 어린 시절로부터 너무 멀리 도망쳐왔다

'놀이헌장'까지 제정해야 할 만큼 요즘 우리 아이들은 놀이에서 소외되어 있다. 어릴 적 놀이가 곧 일상이고 놀이가 곧 삶이었다고까지 말할 수 있었던 시기를 거쳤던 나이의 사람들은 잘 이해하지 못하는 것들. 놀이를 학교 수업처럼 배워야 하는 시절이 되어 버린 것일까. 놀이의 기억을 갖지 못한 사람은 다른 일처럼 놀이를 하지 못한다. 놀이는 곧 '몸의 기억'이기도 하니 몸 놀이를 하지 않고 자란 젊은 부모들 또한 당연한 것처럼 놀이에 익숙하지 않다. 부모가 놀이에 익숙하지 않으니 그 부모를 롤 모델로 성장해 가는 아이들 또한 놀이가 익숙하지 않게 된다. 쏟아져 나오는 책 들 중 놀이에 관한 책들도 상당한 것을 보면 그만큼 놀이에 중요성을 알고는 있지만 간과했다는 방증일 것이다.

안도현 산문집 『사람 사람』은 '옛 추억이 바스락거리는 글들'을 모아 놨다. 첫 문장은 바로 이렇다.

> 나는 빳빳한 종이로 딱지 접는 법을 잊어버렸다. 동전과 비닐을 이용해 제기를 만드는 법도 잊어버렸다. 자치기 할 때 쓰는 나무의 길이와 굵기도 잊어버렸다. 나는 어린 시절로부터 너무 멀리 도망쳐 왔다. 나는 불행한 어른이 되었다. 나는 망했다. 그래서 나는 한없이 슬프다.

놀이를 경험했던 시대를 산 시인의 문장은 그것을 경험한 사람만이 이해할 수 있을 것이다. '불행한 어른'이란 말 또한 그것을 추억으로 갖고 있는 사람만이 할 수 있는 말일 것이다. 문장에 나온 놀이를 추억으로 가진 사람은 몇이며 이제 그것을 아쉬워하는 사람은 몇이나 될 것인가.

> 한국인은 전형적인 호모 루덴스(놀이하는 인간)라고 했다(조흥윤, 『한국문화론』). 그만큼 다양하고 독특한 놀이문화가 존재했다. 옛날의 어린이들은 학교, 등·하굣길, 동네 골목이 모두 놀이터였다. 놀기 위해 마실을 다녔다. 고무줄놀이, 땅따먹기, 사방치기, 술래잡기, 구슬치기, 딱지치기, 숨바꼭질, 오징어놀이, 자치기, 말뚝박기, 깡통차기, 공기놀이 등으로 하루 해가 짧았다. 규칙에 따라 죽었다가도

다시 살아났다. 언니·형들은 놀이를 이끄는 훌륭한 리더였다.
– '[여적]어린이 놀이헌장', 《경향신문》, 2015년 3월 26일자

'세상 모든 어린이는 충분히 쉬고 놀 권리가 있다.' 유엔아동권리협약 31조다. 놀이를 '돈과 시간을 따로 들여' 해야 하는 것처럼 느낀다. 무엇을 해 줘야 하고 무엇을 해야 한다는 강박관념을 가진 부모도 있다. 그러나 놀이가 자발성이듯 부모도 아이와의 놀이가 자발성이 되어야 부담이 없다. 부담을 갖고 하는 놀이는 이미 놀이가 아니다. 어린 시절로 거슬러 올라가 기억해 보자. 나는 어릴 때 어떤 놀이를 했는지 혹은 어떤 놀이를 하고 싶었던가. 너무 막막하다고 생각될 때는 놀이책을 참고해도 좋다. 『아이들은 놀이가 밥이다』, 『생활 속 자연놀이』, 『아빠와 10분 창의놀이』 등 다양한 놀이책도 나와 있다.

Part 5

애착의
중요성

43

석가, 예수도 애착 장애를 가졌다

한국에서는 우리 불교가 일본에 지대한 영향을 미쳤다고 생각하지만 실제로는 일본이 불교적인 입지에서 우리나라보다 100년 정도 앞서 간다는 이야기를 들었다. 그러나 일본보다 더 앞선 것은 유럽 등 선진국이다. 불교가 철학적이고 과학적인 종교라 철학이 강한 독일 등에서 그 연구가 활발하다는 것이다. 불교에 대한 연구 자료들이 우리나라로 역수입되는 실정이다. 불교 공부를 하려면 외국으로 나가야 한단다.

심리학 저서도 일본에서 수입되어 번역된 것이 많다. 육아서도 마찬가지여서 공부하다 보니 소소한 것까지 일본에서 쓴 자료들이 많다는 사실을 알게 된다.

심리학 서적 중에서 『나는 상처를 가진 채 어른이 되었다』를 쓴 오카다 다카시라는 저자는 석가를 '애착 장애'의 관점에서 이야기하고 있어 눈길을 끈다.

'애착 장애'란 어린 시절 충분한 애착관계를 형성하지 못하고 성장한 사람이 어른이 되어서도 '애착 장애'로 어려움을 겪는 것을 말한다. 애착 장애를 가진 사람 중에 가출이나 방랑을 반복하는 사람이 많은데 이사와 여행도 이와 관계가 있을 수 있다 한다. 성인이 된 후 가출을 한다거나 은거하는 경우도 있고, 실제로 가출 또는 은거하는 사람 중엔 애착 장애를 안고 있는 사람이 많다고 한다. 그 대표적인 예로 석가모니를 들고 있다.

마치 루소의 어머니가 그랬던 것처럼 석가의 어머니도 그를 낳은 직후에 세상을 떠났다. 석가는 자아에 눈을 뜨고 자신의 출생에 대해 생각하는 청소년기부터 근심스러운 생각에 잠기게 된다. 그 근심 걱정을 걷어낼 수 있기를 바라는 마음에, 왕인 아버지는 석가에게 아내를 맞게 하여 아이도 생겼지만, 석가의 마음속 번뇌를 없앨 순 없었다. 석가는 마침내 출가하여 지위도 처자식도 버리고 방랑의 길을 떠나고 만다. 그 밑바닥엔 어머니와 애착의 끈을 맺지 못한 채 살아가는 일에 위화감을 느끼며 성장한 경험이 자리하지 않았을까.
　– 오카다 다카시, 『나는 상처를 가진 채 어른이 되었다』

위대한 인물 중에는 애착 장애를 안고 있었던 사람이 많다. 태어나자마자 어머니를 잃은 석가모니와 태어나기 전 아버지를 잃고 어릴 때 어머니마저 여읜 이슬람교 창시자 무함마드를 비롯한 종교적 지도자 그리고 정치가나 문호, 예술가, 사상가, 사회 활동가, 혁명가 등 일일이 열거하기가 어려울 정도라고 한다.

그런데 이들은 이런 고난을 겪으면서도 어떻게 보통 사람은 이룰 수 없는 위대한 업적을 이룰 수 있었을까? 그것은 아픔, 고통을 내적, 예술적 에너지로 승화했던 것은 아닐까. 모든 고통과 상처에는 양면성이 있다고 한다. 그러니 저자의 말처럼 자신의 한계를 깨달아서 타협하지 않고 상처 입은 자기애를 보호하기 위해 역경을 물리치는 원동력으로 삼은 것은 아닐까.

그러나 그것은 양날의 칼이 되기도 한다. '애착 장애'를 겪는 사람은

당신의 책장 속에 육아의 답이 있다

냉엄한 현실이 필요 이상으로 힘들게 느껴져 사회에 적응하기 어려워질 가능성이 크다. 누구나 고통은 있다. 그 고통을 '승화' 시키느냐 아니면 내면의 상처로 갖고 살아가느냐는 각자의 몫이다. 그렇다면 어떤 삶을 살아가야 하는 걸까? 우리 스스로 자신에게서 물음으로써 그 해답을 찾을 수 있을 것이다.

44
엄마를 멀리하는 아이? 있다!

어른이 된 사람들도 부모가 마냥 편하고 좋은 것만은 아닐 때가 있는 것처럼 아이들도 마찬가지인 것 같다. 저녁 시간에 아이를 데리러 오는 엄마를 아이들이 외면하는 경우가 가끔 있다. 울면서 따라가지 않겠다고, 더 놀겠다고 하는 경우도 있다. 온종일 일하고 온 엄마의 입장에서 참으로 난감한 일이 아닐 수 없다. 『엄마와 아이의 애착 다지기』에는 이런 엄마를 위한 답을 제시해 주고 있다.

직장을 다니는 엄마들은 늘 시간에 쫓기고 피곤에 지쳐 아이들과 여유롭게 시간을 보내기가 어렵다. 할머니나 베이비시터나 아이들을 돌봐주는 경우, 아이들은 엄마보다는 늘 자신을 챙기고 자신의 욕구를 빨리 알아차려 주는 그들에게 더 밀착하게 된다. 특히 아이들은 자신이 아프거나 도움이 필요할 때 엄마를 더 찾는데 그때마다 엄마가 옆에 없다면 애정의 방향을 돌릴 수밖에 없다. 엄마의 마음은 늘 아이에게 있지만 아이는 마음과 더불어 엄마의 몸도 원했던 것이다.

(…)

먼저 하루에 최소 30분이라도 아이와 단둘이 있는 행복한 놀이시간을 가진다. 온갖 걱정과 생각을 덮어두고 핸드폰과 TV도 끄고 다른 가족과 대화하지 않으면서 아이와의 놀이에 온전히 집중할 수 있는 시간을 가지는 것이 필요하다. 짧지만 아이에게 엄마와의 사랑을 질적으로 경험할 수 있는 시간이 된다. 그리고 아이가 아프거나 특별히 칭얼거릴 때는 아이를 위해 과감히 행동해야 한다. 휴가를 내거나 반일 근무를 하면서라도 아이 옆에 있어 주거나 주말 모임 약속을 취소하거나 집안일을 일일도우미에게 맡겨서라도 아이와의 시간을 늘리는 것이 중요하다. 특히 0~3세 시기의 엄마는 아이와의 애착 형성을 위해 삶을 재구조화하고 중요한 것이 무엇인지를 파악하고 선택해야 한다. 일을 그만둘 수 없다면 일의 양을 줄이거나 일을 시작하고 싶다면 조금 늦추는 방법을 선택하기를 권한다. 일할 수 있는 기회는 또 올지 모르지만 아이가 0~3세로 다시 돌아갈 수는 없다.

– 최명선·차미숙·김난희, 『엄마와 아이 애착 다지기』

엄마가 아이를 데리러 왔을 때 이미 피곤한 상태인 경우도 많다. 우리나라는 아직 아빠보다는 엄마가 일찍 퇴근하고 아이를 데려가고 저녁을 챙겨야 하는 경우가 더 많다. 그러므로 아이들도 아빠와 함께하는 시간

당신의 책상 속에 육아의 답이 있다

이 부족하여 아빠가 쉬는 날이면 유독 아빠와 떨어지기 힘들어한다. 육아에서 평균적으로 아직은 아빠보다는 엄마에 역할이 크다. 그러므로 엄마의 육아에 대한 부담도 그만큼 크다고 볼 수 있다. 그러기에 엄마에게 아이를 무조건 많이 안아주는 것이 좋다라고 말하는 것도 미안해질 때가 있다. 그러나 '세 살 버릇 여든까지 간다'는 말처럼 생후 3년의 애착관계가 평생의 애착관계 형성에 영향을 미친다는 점을 고려하면 엄마의 역할을 그냥 지나칠 수만도 없다. 육아에 지치고 생활에 지친 엄마는 좋은 육아를 할 에너지가 부족하다. 그러므로 일하는 엄마, 육아에 전념하는 엄마들을 위해 주변의 협조가 꼭 필요하다. 엄마 또한 자신의 에너지 부족으로 애착 형성기를 놓치지 않도록 에너지를 적절하게 배분하는 지혜가 필요할 것이다.

45
'요람의 유령'이라니!

"내가 겪은 잔인하고 슬픈 역사가 내 자식에게 되풀이되길 바라진 않았다."

「요람의 유령들(Ghosts in the nursery)」은 1975년 미국 소아정신의학저널에 실렸던 한 논문의 제목이다. 이 논문에서 말하는 유령은 어른들(지금은 부모가 된 사람들)이 아동기 때 경험한 고통, 예를 들어 애착관계의 단절 혹은 불안전한 애착, 애착관계의 손상으로 인한 고통을 가리킨다. 이런 고통은 의식에서 제거되어 현재는 생각나지 않는다. 그러나 이러한 고통을 억누르고 있는 방어는 자녀를 대하는 부모의 행동에 부정적인 영향을 준다. 다시 부모의 부적절한 행동은 자녀의 성격발달에 영향을 준다.

– 최명선 · 차미숙 · 김난희, 『엄마와 아이 애착 다지기』

이 논문의 저자 프레이버그는 어른들이 아동기에 경험한 고통, 즉 보모와의 애착관계가 단절되었거나 불안전한 애착으로 야기된 고통을 '유령'으로 비유했다. 그는 이런 고통은 의식에서 사라져 현재는 생각나지 않지만, 자녀를 대하는 행동에 부정적인 영향을 주고, 부모의 이런 부적절한 행동은 자녀의 성격 발달에 나쁜 영향을 주는 대물림의 악순환으로 이어진다고 보았다.

'부모는 아이의 거울'이라는 말처럼 아이들은 부모의 말투, 행동, 가치관이나 신념까지 모두 보고 배우며 따라 한다. 특히 부모의 병리적인 부분, 즉 부정적인 측면을 더 따라 하는 경향이 있다고 한다. 이것을 심리적인 전문용어로 '공격자와의 동일시'라고 한다. 모진 시집살이를 했던 사람이 또다시 시집살이를 시킨다거나 군대에서 모진 선임병에게 온갖 구박을 당했던 후임이 나중에 악독한 선임이 되는 것, 그리고 학대받았던 아이가 학대하는 부모가 되는 것 등은 모두 '공격자와의 동일시' 과정을 거쳐 이루어진다.

당신의 책장 속에 육아의 답이 있다

영화를 보면 귀신이나 유령은 어둠의 편에 속하므로 환한 대낮이나 마음이 평온할 때는 별 영향력을 발휘하지 못한다. 하지만 어둠이 밀려오고 마음이 불안하거나 혼란스러울 땐 이런 유령들이 활개를 친다. '요람의 유령'도 마찬가지다. 부모의 기분이 좋고, 아이도 부모를 귀찮게 하지 않을 때는 평화가 유지되지만 부모가 스트레스를 받거나 아이가 부모에게 뭔가 요구하며 성가시게 굴 때는 스멀스멀 '요람의 유령'이 고개를 든다.

─ 이보연, 『애착의 심리학』

사회에서 좋은 친구를 알아보는 방법으로 자신이 어려움에 부닥쳤을 때를 말하기도 한다. 자신이 좋을 때는 모든 것이 좋다. 그러나 어려운 일이 생기면 자신을 도와주는 친구와 자신을 등지고 외면하는 친구가 있다. 아이를 양육하는 것도 비슷한 관점으로 봐야 할 것이다. 양육하는 사람의 기분이 좋을 때는 아이의 모든 것들을 받아 줄 수 있지만, 양육자의 상태가 좋지 않은 경우에는 아이를 바라보는 관점이 달라질 수 있고 사소한 일에도 화를 내거나 짜증을 낼 수 있다. 그럴 때 나타나는 양육방법이 곧 '요람의 유령'이라고 할 수 있다.

부모와 좋은 애착을 형성한 사람이라면 군이 자녀 양육서를 들춰보거나 '요람의 유령' 같은 심리학적 용어에 민감하지 않아도 된다. 그러나 그렇지 못했다면 지금 책을 보며 공부하거나 주변에 물어가며 아이를 잘 키우려 노력하면 된다. 쉽지는 않겠지만, 이제라도 자신과 타인, 세상과 좋은 관계를 맺을 수 있고 아이와도 안정적인 애착을 형성할 수 있으면 된다. '완전한 부모'는 없다. 단지 노력하는 부모가 있을 뿐이다.

46
'자존감은 존재의 배꼽'과도 같다

> 어떤 의미에서 '자존감은 존재의 배꼽'과도 같다. 배꼽은 우리의 기원을 말해 준다. 우리가 스스로 태어난 것이 아니라 부모에 의해 태어났다는 것을 보여주는 것이 배꼽이다. 이와 마찬가지로 우리의 자존감도 어린 시절 스스로 획득할 수 있는 것이 아니라 부모와의 관계를 통해 얻어진다. 또한 배꼽은 사람의 신체의 중심에 있다. 배꼽은 영어로 'belly button'이라고 하기도 하고 'navel'이라고 하기도 한다.
> – 김병오, 『자존감 읽기』

이 책의 저자 김병오가 상담대학원에서 이상심리학을 수년 동안 가르쳐 오면서 내린 결론은 자존감이란 '배의 방향을 조정하는 키처럼 인간의 행동을 이끄는 중요한 요소'라는 것이다.

책에 따르면 자존감이란 자신의 가치와 능력에 대한 평가다. 인간은 어린 시절 스스로 자기가치를 규정할 수 없고 어린아이는 부모와의 관계를 통해, 특히 부모의 사랑을 내면화하면서 자신을 사랑받을 수 있는 가치 있는 존재로 인식한다. 대개 어린 시절에 부모로부터 많은 사랑을 받지 못한 사람은 자기가치에 대한 평가가 낮다고 한다. 그러나 다행히도 이런 사람도 성장하면서 자기의 능력을 향상시킬 수 있다. 자존감은 언제나 살아 있는, 변화할 수 있는 역동성을 가지고 있는 셈이다.

이 책은 자존감의 본질이 무엇이고 자존감이 인생의 주기에 따라 어떻게 형성되며 자존감이 낮고 병들 때 어떤 증상이 일어나는가를 살펴본다. 일반적 상식적으로 이해할 수 없는 이상심리를 가진 사람들을 이해하는 데도 도움이 된다. 많은 심리학자는 자존감은 타고난 실체라기보다는 학습된 실체라는 사실에 동의한다. 특히 자존감의 한 축을 형성하는 효능감은 사람이 태어난 후에 스스로 성취한 것이거나 학습한 것이다.

자존감은 아동의 의존 욕구가 충족되는 양육 환경 내에서 부모와의 건강하고 질적인 애착 경험을 통해 형성된다. 아동은 부모와의 애착관계를 통해 자기가 사랑받고 수용 받으며 유능하다는 감각을 내면화하면서 주위 환경에 대해 안정감을 느끼고 자기의 정서조절도 할 수 있다. 어린 시절의 이러한 애착 경험은 평생 지속된다. 따라서 개인의 자존감은 그가 속한 환경 속에서 건강한 애착 경험을 줄 수 있는 대상을 통해 지속해서 형성된다고 볼 수 있다.

사람은 태어나서 스스로 자신의 가치를 규정할 수 없다. 유아는 부모나 양육자 중 특히 어머니의 거울 반응을 통해 자신의 가치 혹은 무가치를 감지할 뿐이다. 건강하고 긍정적인 어머니와의 좋은 관계를 통해 유아는 무의식적으로 어머니와 자신을 동일시하려는 마음을 가진다. 유아는 좋은 어머니의 정서적 이미지(표상)를 통해 '좋은 나'를 경험한다. 자기 표상은 곧 자기 개념의 토대가 되어 긍정적인 자기개념이나 부정적인 자기

개념을 만든다.

아이는 생후 6개월이면 부모 혹은 양육자와 애착관계를 형성한다. 애착관계가 형성되면 자기개념도 발달하기 시작한다. 어린아이는 어머니의 따뜻한 품에 안겨 양육을 받았을 때 자기가치와 경험을 가지게 된다. 이것이 애착 경험이다. 그러나 어린아이가 부모와의 불안정한 애착관계를 통해 부모의 사랑을 내면화할 기회를 잃게 되었을 경우 이것은 그의 남은 생애에 지속해서 부정적인 영향을 미쳐 건강한 자존감을 형성하는 데 어려움을 갖는다는 것이다. 자존감이 부모와의 관계를 통해 가장 크게 얻어진다는 것을 우리는 명심해야 한다.

47
포옹의 힘은 세다

'프리 허그(Free Hugs)'라는 것이 있다. 2004년 호주에 사는 후안만이란 청년이 시작했고, 이 캠페인은 인터넷을 통해 지구촌 곳곳으로 퍼졌다.

드라마 〈응답하라 1994〉에 출연한 배우들이 자신들의 시청률이 어느 정도 올라갈 때 이것을 하겠다고 공약하기도 했다. 바로 이 '프리 허그'다.

이 이야기는 이렇게 시작된다. 어느 날, 부모님의 사이가 좋지 않아 두 분이 크게 싸운 후 헤어진 뒤 후안만은 슬픔에 빠졌다. 그리고 눈물을 흘리며 정처 없이 거리를 걷는다. 그때 한 여성이 아무 말 없이 다가와 그의 슬픈 눈을 지그시 바라본 후 꼭 안아 준다. 후안만은 자신의 눈에서 눈물이 사라지는 경험을 한다. 그녀의 진심 어린 따뜻한 가슴이 그의 슬픔을 위로하고 힘을 주었기 때문이다.

이렇게 놀라운 포옹의 힘을 경험한 후안만은 이것을 다른 사람에게도 나눠주고 싶어진다. 그는 매주 거리에 나와서 '공짜로 안아 드려요.'라고 적힌 피켓을 들고 서 있게 된다. 그의 첫 프리 허그의 대상은 할머니였다고 한다. 그날은 할머니의 외동딸이 세상을 떠난 지 꼭 1년이 되는 날이었다. 3초 정도의 짧은 포옹이었고 진심을 담은 후안만의 포옹은 할머니에게 큰 위로가 되었음은 물론이다.

이 이야기는 정문명 작가의 『백 마디 말보다 한 번의 포옹』이란 책에 나온다. 이 책은 포옹이 가져온 기적의 세 가지 실화를 그림 동화의 형식을 빌려 전하고 있다. 미국의 한 병원에서 미숙아로 태어난 쌍둥이 언니가 죽어가는 동생을 포옹으로 살린 이야기, 하루에 다섯 번 포옹을 실천하는 가족 이야기, 그리고 15년 넘게 아이들을 한 명 한 명 안아주는 선생님의 이야기도 들어 있다.

사람은 '사랑받고 사랑하고 싶은' 본성을 갖고 있다고 한다. 사회가 고도화될수록 도시에 사는 인구가 많아질수록, 핵가족화될수록, 사람들은 점점 섬처럼 고립되어 간다. 누군가와 가슴을 맞대고 체온을 나누는 일이 어색해질 때, 포옹은 아주 간단한 행동이지만 가장 직접 사랑을 주고받는 유용한 도구다. '사람들을 잇는 다리'와 같은 역할을 하는 것이다.

『무소유 육아를 권합니다』라는 책에서는 아이들을 포옹하는 방법으로 다음 다섯 가지만 기억하면 된다고 한다.

첫째, 하루 3회 이상 안아준다.

둘째, 아이의 눈을 마주 보며 안아준다.

셋째, 10초가량 충분히 꼭 안아준다.

넷째, "힘내.", "사랑해."라는 따뜻한 말을 들려준다.

다섯째, 다시 한 번 눈을 마주 보며 마무리한다.

어려서 엄마로부터 잦은 스킨십과 포옹을 받은 아이는 어른이 되어서도 주도적인 인생, 행복한 인생을 살아갈 확률이 높다는 말에 귀를 기울인다. 그것은 '행복을 지속시키기 위한 노력'이기 때문이다.

Part 6

동심을
이해
한다는 것

48

달팽이를 데리고 산책하다

하느님이 내게 임무를 하나 주셨다.

달팽이를 데리고 산책하라고.

난 빨리 걸으면 안 된다.

달팽이는 최선을 다해서 기는데도 어째서 늘 그 자리일까?

내가 재촉하고 소리 지르고 원망하면

달팽이는 미안한 눈빛으로 날 보고 말한다.

"난 이미 최선을 다하고 있어!"

내가 밀고 당기고 발을 차면

달팽이는 상처를 입고 땀을 흘리고 숨을 몰아쉬며 앞으로 기어간다.

이상하네. 왜 하느님은 내게 달팽이와 산책하라고 하셨을까?

"하느님! 왜 그러셨어요?"

하늘은 조용하기만 하다.

"어쩌면 하느님이 달팽이를 데려 가실지도 몰라!"

좋아! 손을 놓자!

하느님도 신경 쓰지 않는 걸 왜 내가 신경 쓴담?

달팽이를 앞에 보내고 난 뒤에서 울분을 터뜨렸다.

어? 꽃향기를 맡았다. 원래 이곳에 화원이 있었구나.

산들바람도 느껴진다. 한밤중에 부는 바람은 이렇게 부드럽구나.

천천히 걸으니, 새소리도 들리고 벌레 울음소리도 들리는구나!

하늘에 총총히 뜬 별은 얼마나 아름다운가!

어? 왜 전에는 이런 것을 못 느꼈지?

갑자기 이런 생각이 들었다. 그동안 내가 놓치고 살았나?

그래서 하느님이 내게 달팽이를 산책시키라고 하셨구나.

 ― 장원량, 『아이의 두 얼굴』

'달팽이를 데리고 산책하다'를 읽으며 느림의 미학을 느낀다. 나태주 시인의 「풀꽃」이란 시를 생각나게 한다.

자세히 보아야 예쁘다

오래 보아야 사랑스럽다

너도 그렇다

아이들은 어른들의 시선으로 대충 보아서는 알 수 없는 존재다. 작은 존재, 결코 쉽게 어른들의 시선으로는 이해할 수 없는 존재이기도 하다. 천천히 가만가만히 들여다보고 이야기를 들어줄 때 비로소 아이라는 작은 존재는 어른의 눈에 들어온다. 어른들의 세계처럼 '빨리빨리'가 결코 통할 수 없는 존재다. 아이들은 자신이 살아온 경험만큼만 세상이 보인

당신의 책장 속에 육아의 답이 있다

다. 어른들은 아이의 경험만큼 눈높이를 낮춰줘야 한다. 아이들의 성장처럼 '천천히' 걸음을 맞춰야 한다.

아이와 산책하러 가거나 걸을 때, 어른들은 자신의 눈높이에서 걷는다. 손을 잡아끌면서 '빨리빨리' 걷지 않는다고 타박하기도 한다. 그러나 아이는 그때 이미 최선을 다해 걷고 있다. 어른의 보폭에 아이를 맞추는 것은 무리다. 아이의 보폭에 어른의 보폭을 맞춰야 한다. 그것이 아이와 걸을 수 있는 최상의 조건이 된다. 어른의 시선으로 앞을 볼 것이 아니라 아이의 시선으로 아래를 보고 작은 것들에 천천히 눈길을 주는 것, 아이와 함께 산책하는 최상의 방법이 아닐까.

산책은 아이를 위해서 걷는다고 생각하지만 결국은 어른들이 가져가는 것이 더 많다. 걸을 때 창의적인 생각이 훨씬 많이 떠오른다고 한다. 어른들이 바쁘다는 이유로 주변 환경에 무심할 때 아이와의 산책을 통해 그전에는 보지 못했던 것들을 살펴볼 기회를 얻는다. 꽃향기, 산들바람, 새소리, 벌레 울음소리, 총총히 뜬 별을 만날 기회를 얻는다.

프랑스 유아 학교에서는 '레크리에이션'이라 이름을 붙인 시간에 매일 아이들이 30분씩 마당에서 자유롭게 뛰어논다고 한다. 날씨가 추워도 바람이 불어도 야외에서의 활동은 생략하지 않는다고 한다. 계절의 흐름을 아이들에게 직접 느끼게 하기 위해서다.

49

아기의 인사

「아기의 인사」라는 시가 있습니다.

이모가 아기를 보러왔습니다.

블록 놀이 함께하고

헤어질 때 말했습니다.

아기에게

"내일 또 보자ㅡ."

다음날 아기는

엄마 아빠와

엘리베이터에서

이웃 할머니를 만났습니다.

"어른께 인사해야지."

아기는 방아깨비처럼

고개를 까닥하고

손 흔들면서 말했습니다. 할머니께

"내일 또 보자ㅡ."

— 구용, 『용용 죽겠지』

당신의 책장 속에 육아의 답이 있다

손자를 키우는 할아버지 시인이 손자의 이야기를 시에 고스란히 담아 놓았다. 생동감이 '뚝뚝' 떨어진다. '아이는 어른의 거울'이라는 말을 실감하게 하는 시다. 어린이집에서 아이들은 이 시에서처럼 '방아깨비처럼 고개를 까닥'하기도 하지만 '배꼽 손'을 하고 '방아깨비처럼 고개를 까닥'하는 인사를 한다.

그런데 불현듯 '아이들이 하는 인사는 어떤 의미를 가질까'하는 생각이 들었다. 그리고 '조고각하'와 '경계에 서 있는 시간'이라는 단어가 생각났다. '조고각하'는 '발밑을 돌아보라.'라는 뜻을 가졌다. 절집 마루 기둥에 붙어 있는 '신발 정리 잘하시오.'라는 경구인데 '일상생활 하나하나를 잘 살펴 올바로 행할 때 큰 정신이 난다.'는 뜻이자 현재 자신이 서 있는 자리를 잘 보라는 뜻이기도 하다.

아이가 인사를 할 때 '방아깨비처럼 까닥' 고개를 숙인다. 어리지만 자신이 서 있는 자리를 잘 보게 되지 않을까 생각해 본다. 인사를 하면서 고개를 숙이고 발밑을 내려다보게 된다. 오늘 자신이 신고 온 신발과도 인사를 나누는 시간이 된다. 인사를 하는 시간은 또한 '경계에 서 있는 시간'이기도 할 것이다. 현관문 밖과 현관문 안에서의 경계, 그리고 가정에서 어린이집이란 기관으로, 엄마에게서 선생님에게로 가는 시간의 경계, 또래 친구들에게로 가는 시간이 아닐까.

네팔 말로 '나마스테'라는 인사가 있다. '안녕하세요, 안녕히 가세요, 어서 오세요, 건강하세요, 행복하세요, 다시 만나요.' 등 광범위한 뜻을 가졌다고 한다. 만나고 헤어질 때 두루 쓰이는 말로 만남의 시작이자 사람과 사람 사이에 아름다운 다리를 놓는 소통의 시작이 그 말에서 비롯되었다고 한다. 방아깨비처럼 숙이는 인사 속에도 다양한 의미가 숨어 있다.

50
'밴드'는 아이들 상처를 치유하는 마법이다!

자박자박 걷고 이제 막 말문이 트이기 시작하는 아이들이 자주 하는 말 중에는 이런 것이 있다. "여기 아파요. '호'해 주세요!" 그리고 하는 행동이 있다. 여기저기 상처를 가리키며 '호'해 주길 바라고 친구가 붙여온 밴드를 자신도 붙여달라고 하는 것이다. 다 아문 상처에도 이제 막 생기기 시작한 작은 뾰루지에도 온통 밴드를 붙여달라고 한다. 한 아이가 밴드를 붙이기 시작하면 놀이를 하던 아이들이 하나둘씩 모이기 시작하고 모두 자신의 상처를 드러내기 시작한다. "여기도 아팠어요." 하면서 자신의 몸을 이리저리 살펴보고 상처를 찾아내느라 눈빛이 분주하다.

그 행동이 자신의 불안을 표현하기 위한 것이라거나 혹은 관심을 받고 싶은 행동이라는 이해를 하지 못한 때에는 이렇게 말을 하게 된다. "다 나았네. 괜찮아! 저리 가서 놀아." 하고 가볍게 지나쳐 버릴 수 있다. 아이는 급기야 자기 맘을 몰라준다는 생각에 '앙'하고 울음을 터뜨리고 떼를 쓰기도 한다. 어른들이 보는 관점과 아이들이 생각하는 관점이 다르기 때문에 나타나는 현상이다. 그럴 때는 "어, 그랬구나. 많이 아팠어? 밴드 붙여줄게."라고 관심을 갖고 있다는 것을 확인시켜 주고 예쁜 밴드를 하나

살짝 붙여주면 아이는 금방 놀이에 다시 빠져든다.

육아신문 인터넷 〈베이비트리〉에서 조선미 교수도 아이가 놀이터에서 수시로 달려와 붙여 달라는 밴드 이야기를 하고 있다. 전문가답게 그에 대한 아이의 심리에 대해 이렇게 말하고 쓰고 있다.

어린아이에게 있어서 살갗이 까지면서 방울방울 맺히는 빨간 피는 두려움의 대상이다. 중간 톤의 피부색과 선명한 붉은 색의 대비 자체가 충격적이기도 하거니와 TV에서 보았던 무서운 장면이 겹치면서 공포는 가중된다. 이때 아이들의 울음은 아픔의 울음에 두려움이 더해진 것이다. 까지고 벗겨져 아프기도 하고, 그 상처로 인해 죽을 것 같은 두려움이 복합적으로 더해지면서 바늘귀만 한 상처에도 곧 죽을 듯이 우는 것이다.

조선미 교수에 따르면 이때 밴드는 마술적인 힘을 발휘한다고 한다. 밴드는 '끔찍하기만 한 상처를 감쪽같이 가려줄 뿐 아니라 알록달록한 그림은 마음을 위로해 주기까지' 한다는 것이다. 아이들은, '상처가 눈앞에서 사라지는 것처럼' 마음속 두려움까지도 사라지는 것으로 느낀다고 한다. 소소한 것에도 밴드를 붙여달라고 달려오는 아이들을 눈여겨보아야 하는 대목이다.

아이가 넘어졌을 때 우린 호호하며 상처 부위를 불어 주고 아이가 울지 않게 꼭 안아 준다. "가슴의 상처까지 안아 주고 싶은…." 밴드광고의 카피는 결과적으로 심한 과장광고는 아니다. 밴드를 사서 아이의 다친 곳에 대는 순간 아이는 울음을 멈춘다. 놀라운 플라시보(Placebo effect) 효과가 아닐 수 없다. 제 무릎에 난 상처를 아플까 봐 걱정해 주고, 밴드를 사서 다친 곳에 그것을 붙여 주는 행위로 우린 이미 크게 위로받을 수 있으므로. 신경생물학자들은 누군가 우리 몸을 다정하게 쓰다듬어 줄 때 정성으로 애무할 때, 천연 모르핀인 엔도르핀(Endorphin)이 분비된다는 사실을 밝혀냈다. 엔도르핀은 상처를 치료하진 않지만 고통이 전달되지 못하게 한다. 넘어진 아이를 쓰다듬어 주고 안아 주는 행위는 아이를 진정시켜 줄 뿐만 아니라, 실질적으로 그 아이의 상처가 덜 고통스럽게 도와준다. 반면 넘어지고 피가 나도 아무도 일으켜 주지 않고 그 상처에 밴드를 가져다 붙여 주는 사람이 없다면, 무릎의 상처는 마음의 상처로 이어질 수 있다.

– 목수정, 『야성의 사랑학』

밴드를 많이 쓰는 연령의 아이들을 위해 밴드를 사러 약국에 들러보면 만만치 않은 가격에 놀라기도 하지만 각종 캐릭터가 그려진 밴드는 가끔은 어른에게도 붙여보고 싶은 유혹을 느끼게 한다. 하물며 아이들에게 그 의미는 더욱 크게 다가올 것이다. 『야성의 심리학』을 쓴 저자 목수정은 우리가 무의식적으로 지나치는 밴드광고에서조차 그 심오한 의미를 찾아내 글을 썼다. '동심'은 아이를 키우는 사람이 가져야 할 마음이다. 눈높이란 그런 것이 아닐까 생각한다. 작은 것도 놓치지 않는 아이들처럼 아

당신의 책장 속에 육아의 답이 있다

이를 키우는 어른들 또한 늘 소소한 일상에서 이런 것들을 놓치지 않아야 한다.

51
성장앨범 속 사진이 아이에게 의미하는 것

『아이에게 사랑을 말하는 365가지 방법』을 쓴 작가 제이 페일라이트너는 조금 특별한 이력을 가졌다. 부모의 역할과 결혼 생활에 대한 열정적 강연자이자 자녀교육서 베스트셀러 작가로 이름이 알려졌다. 또한, 다섯 명의 자녀와 함께 시카고에서 열 명의 위탁 아동을 돌보며 하루하루 따듯한 삶을 살고 있기도 하다.

저자가 '아이에게 사랑을 말하는 365가지 방법' 중에는 '지갑 속에 아이들 사진을 한두 장씩 꼭 넣고 다니라.'는 것이 있다. 아이가 처음 학교에 입학하는 날 사진을 찍어주고 매년 새 학년이 될 때마다 기념사진을 찍어주며 작은 앨범에 이 사진들만 따로 끼워두기를 하라고 구체적인 방법을 말한다. 모두 사진을 이용해 부모가 아이에 대한 사랑을 표현하는 방법이다. 『장난감 육아의 비밀』을 쓴 저자는 '자신감이 없는 아이'에게 성장앨범을 추천한다.

자신감이 부족한 이유가 긍정적 자아상이 없기 때문이라면 자신감을 갖게 하기 위해서는 긍정적 자아상을 만드는 일이 시급하다. 바로 그 역할을 성장앨범이 해낼 수 있다. 성장앨범을 통해 주변 사람들의 사랑과 지원을 듬뿍 받으며 성장해온 과정을 살펴보면서 자기 자신을 똑바로 바라보고 사랑하는 마음을 갖게 될 수 있기 때문이다.
 – 정윤경 김윤정,『장난감 육아의 비밀』

사진이라는 상징을 통해 '긍정적 자아상'을 확립하는 데 도움이 된다는 것이다. 부모는 성장앨범을 보면서 그때 그 시간에 일어난 일이나 갔던 장소 등에 대해 이야기를 나누며 아이에게 부모의 사랑과 지지를 확인시켜 준다. 자신감은 '자신을 사랑하는 것'에서 시작된다.

'성장앨범'은 동생을 본 아이들이 퇴행하거나 동생을 질투해서 떼가 심해지는 경우에도 유용하다. '자신이 태어났을 때의 사진이나 지금보다 어렸을 때 가족과의 추억이 담긴 사진을 보는 것은 부모의 사랑을 확인하고 동생의 존재를 이해'하는 데 도움을 줄 수 있다고 한다. 그러나 성장앨범을 볼 때, 사진을 상징으로 인식하는 월령은 만 18개월부터라는 것도 기억해 두자.

당신의 책장 속에 육아의 답이 있다

Part 7

태교의
힘

52
몸과 마음가짐에 대한 어른들의 지혜, '태교'

성철 큰스님의 따님으로 태어나 출가한 불필 스님. 불필 스님이 쓴 『영원에서 영원으로』라는 책에는 성철 큰스님이 태어나기 전 일화가 실려 있다. 성철 큰스님의 어머니 즉, 불필 스님의 할머니는 시집오던 날부터 '큰 인물'을 낳겠다는 다짐을 했다. 그리고 큰 스님을 가진 할머니는 '항상 바른 마음과 단정한 태도로 태교에 임해서 뒤틀어진 오이나 무를 먹지 않 았고 울퉁불퉁한 못생긴 과일도 먹지 않았으며 평상이나 마루에 앉을 때 도 모퉁이는 피했다.'고 한다. 행여나 나쁜 것을 보거나 듣게 될까 봐 열 달 동안 대문 밖에도 나가지 않고 집 안에서 지냈는데 아침저녁으로 온갖 정성을 기울이며 세상에서 제일 가는 아들을 점지해 달라고 천지신명과 조상님께 기도를 드렸다고 한다.

1800년경 조선 정조 때의 여성 사주당 이씨가 한문으로 짓고 사주당 의 아들 유경이 한글로 해석한 태교에 관한 책 『태교신기』도 임신이 가지 는 의미의 중요성을 여러 번 강조하고 있다. '어진 스승의 십 년 가르침이 어머니 열 달의 가르침만 같지 못하다.'라며 임신부의 역할을 강조하고 있다.

『태교신기』에는 임신부가 음식을 먹을 때는 모양이 바르지 않거나 벌 레 먹은 과일, 썩어서 떨어진 것, 익지 않는 열매와 푸성귀, 찬 음식, 상한 밥과 음식, 상한 생선과 고기를 먹지 말고 빛깔이 좋지 않은 것, 냄새가 좋지 않은 것, 제대로 익히지 않은 것, 제철 아닌 것 등의 음식은 멀리해야 한다고 적혀 있다. 그리고 고기를 밥보다 많이 먹지 않도록 당부한다.

요즘 임신부들은 대체로 부러 음식을 가려서 먹지 않는데 그 이유는 임신 중의 식생활 습관이 아이에게 얼마나 영향을 미치는지 잘 모르기 때문이기도 하고, 어느 때보다 풍족해지고 청결해진 식생활로 인해 임신부와 태아 모두 양호한 건강상태를 평소에도 잘 유지하기 때문이라고 한다. 그러나 태교 시기부터의 식습관이 아이를 출산하고 난 후의 식습관에도 영향을 주는 듯하다. 간혹 편식하는 아이, 채소류를 먹지 않는 아이, 인스턴트음식만을 좋아하는 아이 때문에 고민이라는 부모를 만난다. 그럴 경우 꼭 물어보는 질문이 있다. '어머니는 어떠세요?'라는 질문이다. 그럴 경우 대답은 이렇다. '나는 채소류 등의 음식을 먹지 않지만 아이는 그런 것을 많이 먹이고 싶어요.'라는 대답이다. 아이의 식습관은 어른의 식습관을 닮기 마련이다. 음식도 경험이라는 말이 있다. 음식을 먹는 습관도 어른이 본보기가 되어주어야 한다. 경험이 없는 음식은 아이들도 쉽게 먹으려 들지 않기 때문이다.

어찌 열 달의 수고를 꺼려 그 자식을 못나게 하고 스스로 소인의 어머니가 되겠는가. 어찌 열 달 공부를 힘써 행하여 그 지식을 어질게 하고 스스로 군자의 어머니가 되려 하지 않겠는가. 무릇 짐승은 새끼를 배면 반드시 수컷을 멀리하고 새는 알을 품을 때 반드시 먹을 것을 가리며 나나니벌이 새끼를 만들 때는 자신을 닮으라고 소리를 내니 이러한 이유로 태어나는 짐승의 생김새가 다 능히 어미를 닮으나 사람 중에 사람 같지 못하고 때로는 짐승만도 못한 수도 있어 성인께서 측은한 마음을 가져 태교의 법을 만들었다.

– 사주당 이씨, 『태교신기』

53
콧노래 명상으로 태교를 한다는 것은

『비울수록 가득하네』에는 불교경전인 『부모은중경』을 소개한 글이 있다. 아이를 잉태하는 과정에서부터 아이를 가진 열 달 동안의 시간, 아이를 낳고 난 후 3년의 육아에 대해 아주 자세하게 나와 있다.

흔히 임신하면 "좋은 것만 말하고 들어라."고 하는데 실제로도 매우 과학적이라고 한다. 한 실험에서 임신부에게 아주 시끄러운 소리를 들려주었더니 태아가 일시적으로 호흡을 멈추고 근육을 수축하면서 활발하던 태동도 멈추었다고 한다. 이처럼 태아에게 외부의 소리 자극은 직접적인 영향을 줄 수 있다. 태아는 여러 감각 중에서도 청각이 매우 일찍 발달하여 임신 4주가 되면 귀 부분의 모양이 만들어지기 시작하고, 4개월부터 조금씩 소리를 들을 수 있게 된다.

태교의 한 방법으로 정목 스님은 '콧노래 명상'이란 것을 소개하고 있다. 임신부가 기분 좋게 노래를 부르거나 편안하게 누워 배를 부드럽게 쓸어주며 아기에게 한두 마디 따뜻한 말을 건네는 것은 태아에게 매우 좋은 자극이 되고, 훌륭한 태교 음악이 된다는 것이다. '콧노래 명상법'을 자세히 소개하면 다음과 같다.

첫째, 자신이 좋아하는 동요나 노래를 한 곡 선택합니다. 노래를 불렀을 때 기분이 좋아지는 밝은 곡이나 멜로디가 단순한 곡을 선택하라고 합니다.

둘째, 깊이 숨을 들이마시고 내쉬면서 편안하게 호흡한 후, 배 위에 두 손을 살짝 올려놓고 아기를 향해 말합니다. "아가야, 엄마가 지금 노래를 부를 거야. 즐겁게 들어보렴."이라고 말을 합니다.

셋째, 다시 한 번 깊이 숨을 들이마시고 내쉬면서 "으음~"하는 허밍으로만 노래를 부릅니다. 노랫소리는 너무 크지도 작지도 않게 합니다.

넷째, 노래를 부르는 동안 자신의 귀에 들여오는 자신의 목소리에 주의를 모으며 손끝에 전해지는 진동을 편안히 느껴봅니다.

다섯째, 노래를 마치면 다시 깊이 숨을 들이마시고 내쉬어봅니다. 지금 나의 기분은 어떤가 잠시 살펴봅니다. 자신의 느낌을 있는 그대로 편안하게 아기에게 전하며 말을 겁니다.

"지금 엄마 마음은 아주 편안하단다. 너는 어땠니?"

콧노래 명상은 태아의 심신을 안정시키는 데도 좋지만, 임신부의 불안감이나 걱정, 무기력한 느낌을 없애는 데 아주 효과가 좋다고 한다. 태교 명상은 임신부만을 위한 명상이 아니다. 마치 귀한 손님을 맞이하기 위해 집 안 청소를 하듯, 평소 혼탁해진 몸과 마음을 정갈하게 닦는다는

당신의 책상 속에 육아의 답이 있다

생각으로 결혼하기 전, 임신하기 전부터 하는 것이 좋다고 한다. 남편은 물론이고 시댁 식구, 친정 식구, 친구, 혹은 무관한 사람이라 하더라도 주변 모두가 태교 명상을 함께하면 아직 씨앗으로 있는 태아에게 좋은 영향을 준다고 한다.

54
태교는 육아의 마중물이다

태아는 뱃속에 있을 때 지금보다 훨씬 많은 뇌세포를 사용하기 때문에 우리는 책을 읽어준다든지 산수를 가르쳐 준다든지 해서 그 세포들을 50% 혹은 70% 정도 늘려 주었던 것이 아닌가 싶습니다. (…) 믿을 수 없다고 생각된다면 당신도 다음 아이가 태어나기 전에 태내교육을 해 보십시오. 천재라고 불리는 아이는 분명히 어떤 형태로든 태내교육을 받아왔음에 틀림없는 것입니다.
— 지쓰코 스세딕, 『태아는 천재다』

『태아는 천재다』는 일본 여성인 지쓰코 스세딕이 미국인 남성과 결혼하여 미국에서 살면서 딸 넷을 기르는 이야기를 담고 있다. 태내교육을 통해 네 딸 모두 아이큐가 160이 넘은 영재로 키웠다고 한다. 일명 스세딕 태아교육법이라고 일컬어지는 이 교육은 태아의 능력을 찾아내는 '태내교육'의 유효성을 보여준다.

KBS 첨단보고 뇌과학 제작팀이 만든 『태아성장보고서』는 0세 태아기부터 생후 3세까지 아기 뇌 발달을 위해 임신부와 아빠가 할 수 있는 일이 무엇인지를 말해 준다.

좋은 부모란 임신 때부터 그 역할이 시작되어야 한다는 것을 실제 태아의 출생체험과 수많은 분만 사례를 통해 과학적으로 입증하고 있다. 자궁에서 태아가 무엇을 듣고, 느끼고, 먹느냐에 따라 미래를 살 수 있는 모든 기초가 결정된다.'고 강조하고 있다. 『태아성장보고서』는 아이가 태어나기 전 280일 동안 부모가 태아를 이해하고 현명한 부모가 될 수 있도록 도와준다.

특히 책으로 엮기 전 영상으로 만날 수 있는 이 책은 현장에서 부모교육 자료로 많이 활용되기도 한다. 실험 대상이었던 20명의 신생아 중 90%가 기억하고 찾아낸 것, 그것은 양수였다. 오감이 살아 있는 존재인 태아가 엄마의 양수를 묻힌 거즈를 향해 고개를 돌리는 모습은 사람들의 탄성을 자아낸다.

사주당 이씨가 지은 태교 전문서인 『태교신기』에는 '태어난 후 10년보다 뱃속 10개월이 더 중요하고, 뱃속 10개월보다 수태 시 부부의 마음가짐이 더 중요하다.'고 태교의 중요성을 강조하고 있다. 이처럼 예로부터 태교는 널리 동서고금을 막론하고 전해 내려왔다.

당신의 책장 속에 육아의 답이 있다

뇌는 본질상 사용을 할수록 발달합니다. 사용을 안 하면 그 기능을 잃게 되죠. 뇌는 자궁에서 발달하면서부터 이미 일을 시작합니다.
– 태아기 심리학자 데이비드 챔벌레인 박사

『아빠의 임신』에는 태교에서 아버지의 역할은 어떠한지 상세하게 나온다. 서양뿐 아니라 우리 역사에서도 아빠 태교의 중요성이 강조되었는데 국립고궁박물관이 소개한 조선 왕실의 태교 방법에 따르면 왕실에서 임산부는 아침에 눈을 뜨자마자 성현의 교훈을 새긴 옥판을 보고 외우는 것으로 하루를 시작했다. 임산부의 처소는 항상 정숙하도록 주의를 기울였고 궁중 악사가 가야금과 거문고를 연주, 밤에는 소경이 시를 읊었다. 당시 왕실을 출입한 소경은 당대 최고의 음악가요 이야기꾼이었는데 요즘 우리가 흔히 하는 '태교동화'의 시조인 셈이다.

'생명체는 잉태되는 순간부터 부모의 기질적 제약에 의해 본래의 성품이 영향'을 받기 시작한다. 태아기에 부모의 심신 상태에 따라 태아의 기질이 달라질 수 있다는 것이다. 따라서 태아가 어떠한 기질을 지니느냐는 전적으로 부모에게 달려 있다. 유전이냐 환경이냐의 논란은 의미 없을지도 모른다. 태교를 중요시하는 부모라면, 태교를 위한 환경을 갖출 수 있는 부모라면 나중에 아이가 태어나서의 환경 또한 잘 만들 수 있을 것이다. 태교는 육아의 시작인 셈이다.

Part 8

아빠와
함께하는
육아

55

아버지만이 줄 수 있는 것이 따로 있다

어린이집에서 하반기 부모교육 주제를 '아버지만이 줄 수 있는 것이 따로 있다'로 정했다. 강사 섭외부터 쉽지 않았다. 어머니를 상대로 하는 교육은 많이 이뤄졌지만 아버지 교육을 따로 하는 경우는 많지 않아서 강의하는 분들도 난감해 했다. 물론 아이를 양육하는 데 있어서 엄마 이론, 아빠 이론이 따로 있는 것은 아니다. 그러나 제목에서처럼 아버지만의 고유한 영역은 존재하는 것이니까 그것을 바탕으로 아버지들이 양육에 적극적으로 동참할 수 있는 방법을 모색해 보자는 취지에서 '아버지 교육'이란 타이틀을 걸었다. 부모교육이란 타이틀을 걸면 대부분 어머니들이 오시기 때문이다.

그런데 강사분의 얘기를 듣고 시작도 하기 전 맥이 빠졌다. "아버지 교육은 참가하는 아버지들이 많지 않아서 진행하기 힘들 거예요."라는 것이다. 우리 사회에서 아버지들이 바쁜 것도 사실이지만 실은 어떻게 해야 할지 난감해서 참가를 망설이는 경우도 있는 것 같다 하신다. 강사님께 괜찮다고 말씀을 드렸다. 몇 분이라도 동참해 주신다면 차후에는 조금씩 나아지지 않겠느냐고 하면서 준비했다.

아버지 교육을 준비하면서 아버지에 대한 자료를 취합해 보았다. 이론적인 부분에서는 상담센터 소장님이 강의해 주시니 현장에서의 사례들을 잘 말씀해 주시고 상담도 해 주실 것이다. 하지만 어린이집에서도 꼭 아버지들께 드리고 싶은 이야기가 있어서 따로 준비했다. 하루 중 많은 시간을 어린이집에서 지내는 아이들은 교사가 제2의 엄마 역할을 한다. 그러므로 교사가 아버지에게 해 주는 아이 양육에 대한 조언 및 안내가 필요하다 생각되었다. 또한, 각 가정에서 어려워하는 양육의 실제 방법에 대해 직접 시연하는 시간도 가지기로 했다. 주 양육자인 엄마보다 아이들 양육방법을 몰라 힘들어하는 사람은 아버지다. 오리엔테이션이나 부모 상담시간에 주로 듣는 하소연이 "어떻게 해 줘야 할지를 모르겠다"는 내용이다. 이런 양육의 어려움은 어머니뿐만 아니라 아버지도 느끼며 아버지도 양육 방법을 알아야 한다. 아버지 교육에서는 이 '어떻게'를 교사들과 함께 더 풀어보고자 했다.

어린이집 부모 교육은 『아버지만이 줄 수 있는 것이 따로 있다』란 책의 제목에서 주제를 가져 왔다. 이 책을 쓴 저자 로스 D. 파크 교수는 변화하는 남성의 역할 중에서 특히 아버지의 역할에 초점을 두고 일찍부터 연구를 수행한 사람이다. 그는 자녀 양육과 아버지의 역할에 있어 타의 추종을 불허하는 전문가라고 한다. 자녀의 성장 발달에 미치는 아버지의 영향력을 '아버지 효과(Father Effect)'란 말로 개념화시킨 사람도 로스 D. 파크 교수다. 아버지들은 어떤 역할을 해야 하는 걸까? 교육의 역할이란 어떤 것일까? 『아버지만이 줄 수 있는 것이 따로 있다』를 쓴 저자의 말을 들어보자.

첫 번째, 자녀 양육에서 아버지의 역할이 어머니의 그것에 비해서 더 폄하되거나 약화되어야 할 아무런 생물학적이거나 구조적 요인은 없다. 두 번째, 자녀 양육에서 아버지가 주는 고유한 영향력이 있다는 것이다. 예컨대 아이들이 자발적인 탐색 활동을 펼치려 할 때 어머니는 엄격한 제한과 금지를 자주 제시하는 데 반해 아버지는 매우 허용적이고 관대하다는 것이다. 또 아버지는 자녀와 '놀자' 기분으로 대하는데 어머니는 업무적으로 대하는 경우가 많다고 한다. 이런 부모의 역할 차이는 자녀의 사회성, 도덕성, 정서 및 지적인 발달에도 서로 다른 영향을 미친다는 것을 알아둘 필요가 있다.

아버지 이야기를 쓴 책도 모성애에 대한 책에 비해 턱없이 부족해 보인다. 근래에 아버지 역할에 대한 관심이 부쩍 늘었지만, 여전히 아버지들이 참고할 만한 자료는 충분하지 못한 것 같다. 어머니 역할이 과도하게 강조되고 그에 대한 자료들은 많은 데 비해 아버지 자료는 훨씬 적다. 그중에서 근래에 EBS 다큐프라임에서 방송되어 책으로 출간된 『파더쇼크』는 아버지들에게 다소 충격적이기까지 한 내용이 들어 있다. 그러나 아버지들의 고민을 들여다볼 수 있어 참고하기에 적당한 책이다. 이 책에서는 미국 학자들이 말하는 아버지가 수행해야 할 역할 일곱 가지를 다음과 같이 제시하고 있다.

첫째, 자녀와 시간을 보내는 아버지

둘째, 자녀에 대한 지식이 있는 아버지

셋째, 일관성이 있는 아버지

넷째, 위기 상황에서 분별력이 있고 가정에 수입을 제공한 아버지

다섯째, 아내를 사랑하는 아버지

여섯째, 주의를 기울여 경청하는 아버지

일곱째, 정신적으로 준비된 아버지

56

아빠를 싫어하는 아이도 있다

가장 가깝게 느낀다고 생각하는 엄마를 멀리하는 아이도 있는데 아침 일찍 일하러 나갔다가 저녁 늦게 들어오는 경우가 많은 아빠에 대한 아이들의 반응은 어떨까? 마냥 아빠를 좋아하기만 할까? 예상대로 '아빠를 싫어하는 아이'도 있다.

언젠가 어린이집에서 가까운 반촌에 감자 캐기 체험학습을 갔다. 마을 어귀에 차를 세워놓고 감자가 있는 곳까지 걸어가던 중에 마침 그곳을 지나던 아이의 아빠와 마주쳤다. 반갑게 인사를 건네는 우리와 달리 아이는 너무나 어색하게도 아빠를 외면하고 말았다. 당황스러운 순간이었는데 아이의 엄마는 아이가 집에서도 아빠를 멀리할 뿐 아니라 아빠가 엄마와 같이 있는 모습조차 거부한다 했다. 이런 경우 그 이유는 무엇일까?

보통 엄마와 지나치게 강하게 밀착되어 있는 경우, 아빠와의 관계에 어려움이 있는 경우가 있다. 엄마는 하루 종일 아이와 같이 있으면서 애정을 쌓고 그때그때의 욕구 해결에도 중요한 역할을 한다. 그러나 아빠는 저녁시간에 잠시 와서 아이의 요구보다는 훈육에 더 에너지를 쏟고 아이에게 강하고 두려운 사람의 역할을 할 때도 있다. 그리고 엄마와 아빠의 사이가 좋지 않을 경우에도 아이는 아빠와 좋은 관계를 맺을 수가 없다. 그 밖에도 엄마에게 분리불안을 보일 때 아빠가 강제로 아이를 분리한다거나 윽박을 지르는 행동, 체벌하는 행동 등도 아이가 아빠를 싫어하게 되는 이유이다.
— 최명선 · 차미숙 · 김난희, 『엄마와 아이 애착 다지기』

이럴 때 아빠 혼자만의 힘으로는 아이와의 관계를 개선하는 일이 어려울 수 있다. 엄마는 그만큼의 교감이 이미 이뤄져 있지만, 아빠와의 교감이 형성되지 않는 상황에서 아빠와의 관계는 시행착오를 겪게 되고, 그것이 아이와의 관계를 더 악화시킬 수 있다. 그럴 때 엄마의 도움이 필요한 것은 어쩌면 당연하다. 둘의 상태를 누구보다 잘 알고 있는 것이 엄마이기 때문이다. 엄마가 아이와 아빠를 위해 중간에서 해야 할 일로는 다음과 같은 것들이 있다.

먼저, 아이 앞에서 엄마 아빠가 애정표현을 자주 하고 아이도 아빠를 엄마와 같이 좋은 사람으로 받아들이도록 웃는 장면을 많이 연출하는 것이다.

그리고 아직 아빠 역할에 서툰 아빠를 위해 역할과 자리를 만들어 주는 것이다. 함께 목욕하거나 기저귀 갈아주기 등을 통해 아이를 보살피는 시간을 제공하고 아이가 아빠를 자신을 보살펴주는 사람으로 인식하게 돕는다. 아빠는 아이가 좋아할 만한 활동 등을 꾸준하게 시도해 보면 좋다. 요즘은 아빠들도 아이를 업어주거나 안고 가는 모습을 자주 볼 수 있는 데, 아이를 업어주고 안아주는 신체접촉을 통해 아이와의 관계 형성을 시도하는 것도 좋다.

이유식 등을 먹여주는 일도 아빠가 엄마처럼 자신을 돌봐주는 대상이기도 하다는 것을 아이가 경험하는 좋은 방법이다. 무엇보다 아빠가 할 수 있는 역할 중에는 엄마가 할 수 없는 것도 있다. 아빠 무동을 태워주거나 근처를 산책하거나 시장이나 대형 슈퍼에 가는 것, 같이 자전거를 타고 운동을 하는 활동도 매우 좋다.

57

저녁이 있는 삶, 아빠와 함께하는 삶

『내 마음 다독다독, 그림 한 점』을 쓴 이정아는 미국에 살면서 가장 놀라고 한편으로 부러운 것으로 사람이 '쉴 수 있는 권리'를 당연히 그리고 당당히 누린다는 점을 들었다. 그녀의 남편은 미국 회사로 이직한 후 '업무에 빨리 적응하기 위해 30분 일찍 출근, 1시간 늦게 퇴근한다. 그런데 몇 주 후 독일인 상사가 그녀의 남편을 조용히 부른다. 그리고 걱정스레 묻는다. 왜 다른 사람보다 일찍 출근해서 늦게 퇴근하느냐고, 업무 위임에 문제가 있느냐고, 일이 많으면 사람을 더 붙여 줄 테니 얘기하라고 말이다. 한국에서는 있을 수 없는 일이다. 그들이 얼마나 '그들의 일하는 문화'를 소중히 여기고 '저녁이 있는 삶'을 가지려고 노력했는지를 잘 보여주는 대목이다.

한 예능 프로그램에서 초등학교 2학년생의 자작시가 방송되어 충격을 준 일이 있다. 시의 내용에서 '엄마가 있어 좋고 냉장고가 있어 좋고 강아지가 있어 좋지만, 아빠는 왜 있는지 모르겠다.'는 시다. 이 시를 들

당신의 책장 속에 육아의 답이 있다

은 아빠들은 어떤 기분이었을지. '어려서는 그나마 놀아 달라고 칭얼대기'라도 하지만 사춘기가 되면 아예 눈도 마주치지 않는다는 아이들 때문에 가장 먼저 위기를 느끼는 것은 아빠들이라고 한다.

> 아빠의 역할은 텔레비전 프로그램뿐만 아니라 아이들의 그림책을 통해서도 가늠해 볼 수 있다. 베스트셀러이자 각종 대회 수상작인 어린이 그림책 200권을 대상으로 전형적 특징을 조사한 연구자들은 그중 아빠들이 등장한 책이 반에 못 미치며 거기서도 장면의 50퍼센트에서만 나온다는 사실을 알아냈다. 그림책 속의 아빠들은 엄마가 하는 만큼 자식들을 안거나 뽀뽀하거나 말을 걸거나 먹이지 않았다. 이런 조사를 바탕으로, 연구자들은 아빠들이 너무 무능한 탓에 자식들의 삶에서 보이지 않는 존재였다고 결론지었다.
> – 리처드 플레처, 『0~3세, 아빠 육아가 아이 미래를 결정한다』

『0세~3세, 아빠 육아가 아이 미래를 결정한다』에 따르면 그동안 남성들은 '가족보다는 일을 우선시하고, 사회적인 성공을 위해서는 가족을 등한시하는 경향'이 매우 컸지만, '사회적 성공에 집착하던 남성들이 가정 내에서 자신의 역할과 가족의 행복을 통해 성취감을 찾으려는 경향'이 강해졌다고 한다. 저자에 따르면 일본에서는 자녀 양육에 적극적인 아빠들을 '이쿠맨(육아하는 남자)'이라 부르는데, 적지 않은 수의 20~30대 남성들이 자신을 '이쿠맨'이라고 인정했을 뿐 아니라 육아를 위해 직장을 포기한 경우도 있다고 한다.

북유럽 아빠들의 육아법 또한 같은 맥락으로 특히 스웨덴은 아이와 최대한 많은 시간을 보내야 한다는 생각에 남성들의 80%가 육아 휴직을 사용하고 있으며 정부와 회사에서도 육아 휴직을 적극적으로 권장하고 있다 하니 부러울 따름이다. 이들은 아빠로 사는 삶에 행복을 느끼고 자녀 교육을 위해 끊임없이 고민하며 실제로도 많은 시간을 할애하고 있다.

　　교육 선진국으로 알려진 핀란드, 이스라엘도 아버지들의 퇴근 시간이 빠르다. 덕분에 아이들과 충분하게 놀아주고 엄마와 육아를 분담할 수 있다. 그에 비해 한국의 아버지들은 아이의 양육에서 저만치 멀리 떨어져 있다. 어린이집에 아이를 데려다주는 것도 아이를 데려가는 것도 대부분 엄마 일이다. 퇴근하고 온 엄마가 아이를 주로 데려간다. 집에 돌아가 저녁준비와 아이들을 챙기는 모습이 눈에 선하여 가끔 마음이 짠할 때도 있다. 한국에서도 '저녁이 있는 삶', '아버지와 함께 저녁을 보내는 삶'이 일상이 되는 날이 빨리 왔으면 좋겠다.

당신의 책장 속에 육아의 답이 있다

Part 9

영화에서
배우는
육아

58

영화 <그녀>를 보면서 미래의 인간관계를 생각하다

<그녀>라는 영화에는 이런 주인공이 등장한다. 그는 다른 사람들의 편지를 대신 써주는 대필 작가로 살아가면서 아내와는 별거 중인 남자다. 타인의 마음을 전해 주는 일을 하고 있지만, 정작 자신은 외롭고 공허한 삶을 살고 있다. 주인공은 편지 대필 업무가 끝나면 집으로 돌아가 혼자 게임을 하고 지난 시간을 그리워하며 채팅방 등을 통해 공허함을 달래는 삶을 살고 있다. 말하자면 '소통의 부재' 속에서 산다. 그러던 어느 날, 그는 스스로 생각하고 느끼는 인공 지능 운영체제에 접속하게 된다.

인공지능체제 시스템에서 남자 주인공 테오도르에게 가장 먼저 던져진 질문은 엄마와의 관계다.

"엄마와의 관계는 어떻습니까? 자주 이야기를 나누나요?"
"아니요. 엄마는 엄마가 하고 싶은 말만 혼자서 계속하고 내 말을 듣질 않습니다. 언제나 혼자만 얘기하고 자신의 이야기만 한 후 전화를 끊어요."

이 대화로 이 남자의 심리적 상태를 어느 정도 짐작할 수도 있다. 이 질문을 통해 인공지능체제는 그에 적당한 프로그램을 제공하게 되는 것이다. 인공지능체제는 말하자면 '당신에게 귀 기울여주고 이해해 주고 안아주는', 즉 또 다른 가족의 개념일 뿐이다. 그리고 인공지능 여자 친구인

사만다를 소개받게 된다.

인공지능운영체제인 '사만다'를 통해 그는 조금씩 행복을 되찾기 시작한다. 이 영화가 섬뜩하면서도 공감을 얻는 건, 영화에선 단지 운영체제로 옷 입혀져 있는 사만다가, 정말 떠나가는 내 애인일 수도 있고 내가 너무도 사랑해서 집착하는 그 무엇이 될 수 있기 때문이다. 그는 그녀에게서 삶의 태도를 배우고 위안을 얻는다. 인공지능 사만다가 주인공에게 주로 하는 말은 '괜찮다'라는 말이다. 주인공을 격려하고 용기를 주며 조건 없는 사랑을 주는 존재다. 그렇다면 남자주인공 테오도르는 왜 사람을 사귀지 않고 사만다 같은 운영체제에 집착한 것일까?

> 회피형 인간의 최대 특징은 타인과의 친밀한 관계를 원하지 않는다는 점이다. (…) 기본적인 성향이 타인과 함께 시간을 보내는 것보다 혼자 뭔가 하는 것을 좋아한다. 타인과 함께 시간을 보내는 것에 전혀 흥미가 없는 것은 아니며 마음만 먹으면 잘 지낼 수도 있지만 그러기 위해서는 그만큼의 고통과 노력이 동반되기 때문이다.
> – 오카다 다카시, 『나는 왜 혼자가 편할까?』

그러나 사랑의 부족에 대한 치유는 언제나 가능하다. '숲 치유'처럼 자연에서, 친구 혹은 직장 상사 등등 주변에서 진정으로 나를 아끼고 인정해 주는 사람이 존재할 때 치유의 가능성은 얼마든지 있다. 『엄마와 아이 애착 다지기』란 책을 보면 사랑을 배우고 부족한 사랑을 채워나가는데 실제 부모가 아닌 다른 사람이 그 역할을 해도 괜찮다고 말한다. 이는 우리가 주변에 부모의 마음으로 우리를 돌봐주거나 인정해 주는 사람, 혹은 상담자, 학교 선생님, 주변에 믿고 따르는 학교 선배나 직장 상사 등을 통해서도 사랑을 배울 수도 있다는 것을 의미한다. 그런 깊은 인간관계들이 생후 최초 대상관계에서의 인간관계를 회복할 수 있다는 점은 큰 위로가 된다. 제2의 부모를 만나고 환경을 만난다면 회복할 수 있기 때문이다. 미래에는 이런 상황이 더 자주 혼하게 발생할 수 있지 않을까? 현재에도 이미 진행되고 있는지 모른다. 우리는 이미 미디어를 통한 소통이 더 편한 세상에서 살아가고 있으니까.

59
그렇게 아버지가 된다

〈그렇게 아버지가 된다〉라는 일본영화가 있다. 같은 아시아 국가이면서 인접 국가라 일본영화 내용은 우리의 현실과 비슷한 경우가 많다. 그래서 자주 보게 되는데 양국 문화를 이해하는 데 많은 도움이 된다. 영화는 성공한 샐러리맨이자 엄격한 아버지가 6년간 키운 아들이 친자가 아니라는 청천벽력과 같은 이야기를 듣게 되면서 시작된다.

> 아버지와 아들을 잇는 것이 핏줄인지 함께 보낸 시간인지 생각했고,
> 그것이 출발점이었다.

영화를 만들게 된 계기를 설명한 감독의 말처럼 그 날 이후 겪게 되는 감정의 변화와 고민을 통해 아버지라는 자리의 의미를 찾아가는 아버지 성장영화다.

영화에는 바쁘다는 핑계로 평소 아들과 시간을 보내지 않는 주인공과 이와 대비되게 아이들과 친구처럼 지내는 아버지가 등장한다. 한 아버지는 도쿄에서 성공한 건축가로, 소위 잘 나가는 인생을 살고 있다. 그는 물질적 넉넉함을 지니고 있고, 아내와 외동아들이 부족함을 느끼지 않을 정도의 생활환경을 마련해 주는 것이 아버지가 지녀야 할 능력이라고 생각한다. 아들과 함께 노는 법을 잘 모르고 아들과 보낼 시간도 충분치 않다. 하지만 아들을 위해 직접 만든 연으로 연날리기하는 것보다는 가게에서 장난감을 사주고, 맛있는 음식을 하나 더 사주는 것으로 자신의 사랑을 대신하려 한다.

또 다른 아버지는 지방 소도시에서 전파상을 꾸리며 아내, 세 아이와 작은 집에서 살고 있다. 내일 할 수 있는 일은 굳이 오늘 하지 않는다는 소신(?)을 가졌다. 아이와 함께 목욕하고, 함께 자며, 고장 난 장난감도 손수 고쳐주고, 놀이터에서도 함께 많이 놀아 준다. 아이와 함께하는 시간을 아이에게 해 줄 수 있는 최고의 선물로 여긴다.

판이한 두 아버지의 양육 방식과 환경, 거기에 6년간 키운 아들을 바꿔 키워야만 하는 상황에 직면하게 된 두 가족. 영화를 보면서 우리는 생각하게 된다. '가족이라는 것은 도대체 무엇일까? 가족을 잇는 것은 핏줄일까? 함께한 시간일까? 영화에 대한 전문가들의 20자평을 한 번 보자.

가족을 만드는 것은 본성이 아니라 역사

부모라는 익숙한 이름의 차분한 재해석

남성 주체가 양육자로 거듭나는 과정을 뼈아프게 성찰

간결하지만 이 영화의 주제를 대신하는 평이다. 가족은 결코 본성만
이 아니라 함께 했던 시간과 더불어 역사가 있어야 하는 것. 거기에 부모
란 아무 준비 없이 거저 되는 것이 아니라는 것. 그리고 아빠라는 존재가
갖는 의미를 새삼 생각하게 만들며 '양육의 주체자'로 거듭나는 뼈아픈 과
정을 설득력 있게 잘 그렸다. 나는 과연 어떤 아버지인지 조금이나마 되
돌아보게 해 주는 영화다.

60
뉴욕 상류층의 자만과 허영심을 통해 본 〈내니 다이어리〉

전 세계적으로 육아에 관한 관습과 도덕관은 다양하다. 하지만 가장
별난 사회상을 맨해튼 작은 공동체 안에서 찾는다. '어퍼 이스트 사
이드'로 알려진 이 지역 사람들은 세계에서 가장 부유하지만, 그 사
회상도 가장 독특하다. 일단 결혼해서 자식이 태어나면 남자들은 냉
담하고 무관심해진다. 아내를 떠나 일에만 몰두하고 가족을 부양한
다. 하지만 재력이 있는 이 도시 엄마들은 여성을 위한 많은 활동에

투자한다. 그럼 육아는 누가 하는가? 아프리카 속담에는 아이들은 마을 사람들이 함께 키운다고 하지만 이곳에서는 한 명만 있으면 된다. 내니 유모 한 명이다.

　－ 영화 〈내니 다이어리〉 중에서

영화 〈내니 다이어리〉는 영화 제목에서 알 수 있듯이 '내니(nannies)'라 불리는 뉴욕 상류층의 베이비시터 곧, 유모의 이야기다. 경영학 전공에 부전공으로 인류학을 공부한 주인공이 우연히 유모 생활을 하면서 영화는 시작된다.

뉴욕 상류층에서의 '내니'의 생활은 만만치가 않다. 수칙도 까다롭다. 아이는 낮잠을 재우면 안 된다. 엄마가 집에 왔을 때 아이가 피곤해 있어야 한다는 것이 그 이유다. 지하철은 세균이 많으니 타면 안 된다. 공원에서도 꼭 유모차를 타고 다녀야 한다. 부모 침실은 출입 금지다. 왜냐면 아이는 방을 어지럽히고 두 부부 사이를 방해하는 존재라고 여겨지니까. 대신 뉴욕 증권거래소, 미술관을 데려가고 프랑스어를 익히기 위해 프랑스 요리를 함께해야 한다.

극 중에서 유모가 돌보는 아이가 자신의 이름 대신 아빠의 명함을 옷핀으로 꽂아서 달고 다니는 장면은 뉴욕 상류층 사회의 허영심을 단적으로 보여준다.

'품앗이 놀이', '유모와 고용주 관계 회복'을 위한 모임, 유모의 격을 높이기 위한 '컨설팅받게 하기' 등 무엇이든 돈으로 해결하고 부모가 스스로 하는 것은 거의 없어 보인다. 물론 육아도 그중 하나다. 단지 아이를 최고

당신의 책장 속에 육아의 답이 있다

의 학교에 보내는 것이 목표일 뿐이다. 아이의 즐거움이나 아이가 원하는 것에는 별 관심이 없다.

고용된 유모들을 감시하기 위해 곰 인형의 눈알에 설치된 카메라를 향해 주인공이 외치는 마지막 대사는 절규에 가깝다.

> "아이들 앞에서 문을 꽝꽝 닫는 것은 옳지 않아요. 아이는 내팽개치고 자선행사나 다니는 것도 옳지 않아요. (…) 아이는 장식품이 아니니까요. 함께 사는 것이 가족이고 아이를 갖는 것은 축복이에요. 아이는 무엇을 먹든 무엇을 사주든 상관하지 않아요. 그저 부모가 옆에 있어 주기를 바랄 뿐이죠. 어떤 학교를 보내든 그것은 중요하지 않아요. 곁에 있어 주길 바랄 뿐이죠. 아이와 함께하는 시간을 놓치지 마세요. 그런 조건 없는 사랑이 언제까지나 계속되진 않으니까요."

주인공의 절규는 그 사회를 변화시켰을까? '아이는 무엇을 먹든 무엇을 사주든 상관하지 않아요.'라는 말에 귀 기울여야 한다. 아이는 그저 부모가 옆에 있어 주는 것만으로도 충분하다. 특히 어린아이에게는 더욱 그러하다. 그것도 아이에 대한 사랑을 듬뿍 가지고 말이다.

Part 10

잠자리
육아의
놀라운 힘

61

'베갯머리 독서'는 부모의 사랑을 확인하는 시간

『하루 15분, 그림책 읽어주기의 힘』의 저자 김영훈은 소아청소년과, 소아신경과 전문의다. 저자는 '가장 쉽고, 가장 효과 높고 가장 간단하게 정서 지능 높이는 법'에 대해 '베갯머리' 독서를 꼽고 있다. 이것은 빨리 시작할수록 좋고 중학교를 졸업할 때까지 할 수 있다면 더 좋겠다.'고 말한다. '베갯머리 독서'는 잠들기 전 부모가 아이의 머리맡에서 책을 읽어주는 것이다. 일과를 마무리하고 엄마 아빠의 부드러운 목소리로 아이의 머리맡에서 책을 읽어주는 것이다. 밤이라는 아늑한 시간, 낮에 바빴던 부모를 아이는 온전히 독차지한다. 아이의 정서도 안정되고 책 읽는 즐거움도 자연스레 알게 되는 효과가 있으며 두뇌발달에도 좋다.

밤에 감성적으로 되는 것은 멜라토닌이라는 호르몬 때문이다. 멜라토닌은 밤에 빛이 줄어들면 분비가 증가하는데 멜라토닌이 증가하면 생체리듬이 안정되고 기분이 가라앉아 차분해진다. 거기에 밤에는 시각보다 청각이 예민해지고 눈에 보이는 것보다 소리에 민감해진다. 주위가 조용하니 집중력이 올라가고 이런 여건은 아이가 무한한 상상을 할 수 있게 만들어준다.

잠자리에서 읽어주는 그림책은 가볍고 쉬운 그림책, 끝까지 읽을 수 있는 얇은 그림책, 즐겁고 행복한 내용의 그림책이 좋다고 한다. 자장가처럼 동시와 동요를 읽어주는 것도 좋다. 자장가와 비슷한 운율을 지닌 동시와 동요를 들려주면 운율이 일정하여 정서적으로 안정감을 줄 수 있다. 실제로 시중에 나와 있는 잠자리 동화 그림책 중에는 자장가처럼 편안하고 동시에 동요처럼 운율이 있는 그림책이 많다.

어린아이는 보존 개념이 없어 눈앞에 보이지 않으면 완전히 사라져버린다고 생각한다. 그래서 눈을 감는 것을 싫어하는데 이런 아이에게는 마법, 이미지, 홍미로운 사건들, 상상의 세계가 풍부한 그림책 읽어주기를 권한다. "잠이 들면 상상 속의 멋진 세상을 만나게 될 거야. 신나는 모험이 끝나고 나서 눈을 뜨면 엄마를 다시 만나게 될 거야."라고 말해 주면 조금은 더 아이가 안심하고 잠들 수 있다고 한다.

우리가 자주 겪게 되는 잠자리에서의 아이들 투정은 주로 이런 것들이다. '자려고 누우면 잠들기 싫은 마음에 엄마에게 별별 주문을 다 한다. 갑자기 등이 간지럽다고 하고 화장실 다녀온 지 얼마 되지 않았는데도 다시 화장실에 가고 싶다고도 한다. 느닷없이 배고프다는 아이도 있고 목이 마르다며 몇 번씩이나 물을 떠 오게 한다.'는 것이다. 이런 투정을 그림책 읽기로 잠재워보자. 아이도, 투정도 고요히 잠에 빠진다.

62
'잠자리 독서'는 정서 지능을 높인다

그림책은 어린 나이부터 볼 수 있는 책이다. 다양한 어휘와 표현들이 그림책 속에 들어 있는데 이 어휘나 대화 내용은 부모와 아이가 상호작용

당신의 책장 속에 육아의 답이 있다

하는 데 도움이 된다. 사실 부모 역할이나 상호작용이란 것이 마음을 먹는다고 되는 것만은 아니다. 물론 잘하는 사람도 있지만, 부모 대부분에게 쉽지 않은 일이다. 이럴 때 짧은 문장, 단순한 단어나 어휘로 된 그림책을 활용하면 좋다. '잠자리 그림책'도 상호작용을 위한 방법으로 좋다.

'잠자리 그림책'으로 잘 알려진 『잘 자요 달님』. 자려고 침대에 누운 아기 토끼가 방 안의 모든 사물과 잘 자라는 인사를 한다. 그림책 속의 주인공 아기 토끼는 방 안 사물의 이름을 하나하나 다 부르는데 빗, 솔, 그림 속 염소와 곰, 전화기, 빨간 풍선, 옥수수 죽 그릇 에게 인사를 한다. 이 책을 아이와의 상호작용 및 스킨십에 활용할 수 있다. 『하루 15분, 그림책 읽어주기의 힘』의 저자가 권해 주는 방법을 한 번 살펴보자.

『잘 자요 달님』을 읽어주면서 엄마가 아이 옆에 누워서 발, 무릎, 엉덩이, 배 등 아이의 몸을 하나씩 하나씩 짚어가며 "우리 아가 발 잘 자요.", "우리 아가 엉덩이 잘 자요."라고 인사를 해 주는 것이다. 저자는 애착형성기에 있는, 스킨십이 필요한 어린아이에게 잠자리 독서를 통해 자연스럽게 애착을 생성하고 스킨십도 할 수 있다고 조언해 준다.

태어나 처음으로 엄마와 떨어져 어린이집 생활을 해야 하는 아이들에게도 잠자리 그림책을 활용해 볼 만하다. 어린 나이의 아이들을 낮잠 재워야 하는 어린이집 입장에서 낮잠 재우기 프로그램은 특별히 신경 쓰인다. 어린아이는 잘 자고, 잘 먹고, 잘 노는 것이 가장 중요하지만 그중에서도 잘 자는 것은 어느 것 못지않게 중요하다. 잘 자고 잘 노는 아이들은 놀이에도 적극적이고 잘 먹기 때문이다. 이것은 아이의 정서적인 발달에도 영향을 미친다. 정서적으로 안정감을 가지고 편안하게 잠드는 방법으로 잠자리 그림책을 활용해 보는 것도 좋다.

『나비잠』그림책은 아기들이 잠자는 모습에 여러 가지 이름을 붙여주고 있다. 아기가 잠이 들기 전 눈을 비비면 그것을 '고양이 잠'이라고 부르고 '아아–함' 하고 하품을 하면 '하마 잠', 엄마 무릎에 강아지처럼 머릴 기대면 '강아지 잠', 엄마 품에 안기는 것은 '원숭이 잠'이라고 표현하고 있다. 그렇다면 아기가 다리를 웅크리고 자는 것은? 그림책 속에서는 '달팽이 잠'이라고 부른다. 아기의 동작을 보면서 동물들의 잠자는 모습을 따라 이름 붙여볼 수 있어 놀이처럼 재밌는 그림책이다.

동물들이 등장하는 잠자리 그림책으로는『모두 잠이 들어요!』가 있다. 이 그림책에도『잘 자요 달님』에서처럼 여러 동물이 등장한다. 졸린 새들, 졸린 물고기들, 졸린 양들, 졸린 동물들, 조용한 돛단배, 조용한 기계들, 졸린 캥거루, 졸린 고양이들, 졸린 토끼들, 졸린 아이들이 등장한다. 사물의 이름에 대한 욕구가 커지는 단계의 아이들과 일일이 사물의 이름을 불러 볼 수 있어 좋다.

먼저「아가 양아! 이제 잘 시간이야!」에서는 잠을 자기 위해 준비하는 고양이와 그 친구들이 주인공이다. 야옹이의 동물 친구들은 자기 전에 어떤 준비를 하는지 고양이와 반복적인 대화를 하는데 이 내용이 아이들의 호기심을 자극하고 상상력을 키워 준다. 그림책에서 고양이는 책을 보고 있는 양을 향해 "이제 잘 시간이야!"라고 알려 주고 목욕하는 돼지에게, 양치질하는 기린, 쉬 통에 쉬를 하는 망아지에게도 잠잘 시간을 알려준다.

창비의 아기 책 시리즈 또한 리듬감과 운율감이 있어 좋다. 거기에 한국적인 그림들이 들어 있어 더 좋다. 아기에게 씩씩한 마음과 좋은 습관을 길러주는 책이다. '아기가 잠이 오는 것을 상상하며 놀다 잠드는 잠 놀이 그림책'이라고 소개하고 있다. 정겨운 그림과 노랫말 같은 글을 보며 놀이하듯 잠에 빠져들게 한다. 그림책 속에는 반복되는 운율이 등장한다. "잠아 잠아 잠아, 어디까지 왔니?", "아직, 아직 멀었다."로 구성되어 마치 돌림노래를 부르는 것 같은 느낌이 들게 한다.

잠자리 그림책은 매일 자기 전 읽어주기로 습관들이면 독서습관은 물론이고 대화하는 시간이 많아져 부모와 아이 사이가 더욱 돈독해지는 효과도 볼 수 있다. 잠자리 그림책은 자기 직전보다는 잠들기 한 시간 전쯤 읽어주는 것이 좋은데 그래야 읽은 책 내용과 그림을 정리하고 편안하게 잠이 들 수 있기 때문이다.

한 가지 꼭 잊지 말아야 할 것은 잠자리 그림책이 아이를 빨리 재우는 도구로 쓰이면 안 된다는 점이다. 잠자리 그림책은 아이가 행복한 잠자리로 들어가기 위한 정서적 스트레칭이라는 말을 명심해야 한다.

63
자장가는 운율의 힘이다

아이는 부모의 목소리를 들으며 스르륵 잠이 들고 눈 감은 아이의 이마에 부모는 가벼운 입맞춤을 한다. 아이는 살짝 눈을 뜨고는 부모에게 인사를 하고 부모도 아이 볼을 어루만지며 가볍게 인사한다.
그리고는 이불을 덮어 준 다음 불을 끄고 나온다.
– 서천석, 『그림책으로 읽는 아이들 마음』

우리가 흔히 드라마나 영화 속에서 보는 장면이다. 때론 갈등하는 장면도 나오지만, 드라마나 영화에서는 공식에 가깝게 아이의 잠자리 장면이 이렇게 표현된다. 그런데 현실도 그럴까? 경험한 사람은 알 것이다. 아이들은 절대 그렇게 쉽게 잠들지 않는다는 것을. 특히 일하는 부모라면 아이는 부모와 함께하는 시간이 저녁 시간밖에 없는 경우가 많다. 그림책을 읽어주는 시간도 대체로 저녁 시간, 특히 잠자기 전 시간이 될 것이다. 부모와 오래도록 함께할 수 있는 기회를 아이가 그림책 몇 권으로 끝내려 하겠는가? "한 권 더!"를 외치기 일쑤고 갈수록 눈은 더 초롱초롱해지기 쉽다. 대신 부모가 먼저 잠이 들기도 한다.

잠자리 그림책이나 수면 습관에 대한 그림책이나 육아서가 많이 나와 있다. 그만큼 아이들에게나 부모들에게나 아이의 잠이 미치는 영향이 크기 때문이 아닐까? 그렇다면 아이들에게 잠이란 어떤 의미일까.

잠이란 아이에게 만만한 일은 아니다. 아이들은 잠드는 것이 두렵다. 아이에게 잠은 미지의 세계이다. 눈을 감으면 어떤 일이 벌어질지 모른다. 아이에게 잠은 일시적이고 반드시 깨어난다는 확신이 아직 없다. 그렇다고 아이가 잠을 자면 죽을 수도 있다고 염려하는 것은 아니다. 아이에게는 죽음이란 개념도 없다. 다만 잠에 들면 자기

당신의 책장 속에 육아의 답이 있다

가 아무것도 할 수 없는 무력한 순간이 오고, 자기 옆에 자신을 도와줄 누군가가 없는 순간이 온다는 것을 알고 있다. 그래서 아이들은 흔히 부모와 같이 자려 하고, 소중히 여기는 인형을 잠자리에 데리고 간다.

– 서천석, 『그림책으로 읽는 아이들 마음』

　이러한 아이들에게 잠으로 떠나는 여행을 도와줄 방법의 하나로 잠자리 그림책 읽어주기를 한다. 잠자리 그림책의 선택은 아이의 발달상황과 부모의 취향에 따라 다를 것이다. 잠자리 그림책의 가장 큰 의미는 아이가 두려움 없이 '잠의 세계'로 떠나는 것에 있다. 그 두려움을 달래는 데 있다. 그러나 그림책 중에는 '아이를 흥분시키는 책', 그리고 '두려움을 느끼게 하는 책', 아예 잠드는 아이를 방해하고 '악몽을 유발'할 수 있는 책도 있다. 그렇다면 잠자리 그림책은 어떤 것이 좋을까.

　『그림책으로 읽는 아이들 마음』을 쓴 소아정신과 의사 서 천석은 잠자리 그림책은 '운율이 생명'이라고 말한다. '자연스러운 반복과 작은 변주를 통해 아이에게 안정감을 주는 것이 중요하기 때문'이라는 것이다. 그래서 그는 '어지간한 그림책보다 자장가나 노래 가사에 그림을 채워 넣은 책'을 더 권장하고 있다. 그중 하나로 돌이 안 된 아기를 키우는 부모에게는 『낮에는 해아기 밤에는 달아기』란 책을 추천하고 있다.

　『낮에는 해아기 밤에는 달아기』는 자장가 시디가 함께 들어 있어 좋다. 이 그림책에 글을 모아 다듬고 노래를 붙인 백창우 선생님은 오랫동안 우리 빛깔을 가진 노래를 만들어 온 작곡가이자 시인이다. 이 책에 담긴 자장가는 현대적인 편곡으로 다듬고, 직접 엄마가 들려주는 음색으로 노래하였으며, 대금, 가야금 등의 국악기와 양악기를 조화롭게 사용하였고, 바람 소리, 동물소리 등 자연의 소리를 함께 담았다. 생동감 넘치는 의성어, 의태어로 이루어진 노랫말, 단순하고 반복적이지만 질리지 않는 리듬, 무엇보다 따뜻하고 정겨운 엄마의 목소리를 들으며 아이들은 포근하게 잠에 빠져들 수 있다.

어린이집에서 몇 년 동안 사용하고 있는 그림책은 『머리끝에 오는 잠』이란 그림책이다. 구성 역시 그림책과 시디로 되어 있다. 아기를 재우다 보면 부모도 교사도 저절로 흥얼거리게 되는 전래 자장노래 열네 곡을 음반으로 담았다. 수백 년에 걸쳐 이어져 온 삶과 사랑, 자연과 사람의 교감이 녹아 있다. 이 책에 실린 전래 자장노래는 대금, 소금, 피리, 가야금, 해금 등 국악기와 함께 피아노, 기타와 같은 양악기를 조화롭게 써서 연주했다. 그뿐만 아니라 여러 번 들어도 싫증 나지 않는 풀벌레 소리, 개구리 소리, 파도 소리, 물 흐르는 소리 같은 자연 소리도 풍성하게 담았다. 자연의 소리는 아기를 돌보느라 지친 엄마 마음도, 교사 마음도 어르고 달래 준다. 반복되는 음률과 가사에 아이들이 노래를 흥얼흥얼 따라 부른다. 노랫소리는 점점 합창으로 이어져 잠을 재우는 어른들을 난감하게 할 수도 있다.

당신의 책장 속에 육아의 답이 있다

Part 11

다른 나라
육아에서
배운다

64
7~10살까지의 경험이 그 이후의 삶을 결정한다

『감옥에서 만난 자유, 셰익스피어』는 로라 베이라는 영문학 교수가 '슈퍼 맥'이라는 독방에 갇힌 죄수들에게 셰익스피어 강의를 하면서 그들의 삶이 어떻게 변하는지를 관찰한 내용을 다루고 있다. 특히 '가석방 없는 종신형'을 사는 무기수를 만나 10년간 셰익스피어에 대해 수업을 하고 그가 어떻게 변하는지를 보여주는 내용은 무척 인상적이다. 그는 셰익스피어 전문가로서 이 작품이 폭력적인 범죄자의 삶을 구할 수 있으며 '미래의 잠재적 피해자들의 삶'도 구원할 것이라는 믿음을 갖고 있다.

저자는 프로그램을 진행하면서 재소자들과 토론을 하기도 한다. 이때 그들의 이야기 중 가장 인상 깊은 장면은 이렇다.

"몇 살에 범죄 경력이 시작되었어?"

"12살이오. 가출과 범죄로 간주되는 장난으로 시작했죠."

"10살이오. 수업 땡땡이치고 마약 팔다가요."

"10살이오. 케이마트에서 물건 훔치면서요."

"8살이오. 열쇠로 자동차를 긁어서 흠집을 냈어요. 기물 파손이죠."

"8살이오. 농구 경기를 하다 목이 마를 때마다 가게에서 탄산음료를 훔쳤어요."

"7살 때."

"7살이라고?"

"네, 7살이오. 거짓으로 화재 신고를 하고 밖에 나가 귀가 시간을 어기고 미성년자인데도 술을 마시고요."

나는 그들의 대답을 듣고 깜짝 놀랐다. 내 수업을 듣는 학생 중에 유일하게 죄명이 살인죄가 아닌 케빈이 모든 사람들의 말을 한마디로 요약해 주었다.

"7살부터 10살까지의 아이의 경험이 10대와 성인으로서의 행동을 결정해요."

– 로라 베이츠, 『감옥에서 만난 자유, 셰익스피어』

그들의 이야기에 귀 기울여야 하는 이유는 우리 사회도 여기에서 결코 자유롭지 못하기 때문이다. 우리 사회도 점점 낮아지는 범죄 연령으로 걱정의 목소리가 높아지고 있다. 이 대화를 통해 우리 사회가 통찰해야 하는 것이 무엇인지 미리 예견할 수도 있다. 7세부터 10세까지의 경험이 아이의 평생을 결정한다. 아이들 경험은 생각보다 힘이 세다.

65
남보다 뛰어난 아이가 아닌 남과 다른 아이로 키워라

유대인 어머니들은 모두 교육에 남다른 열의를 가지고 있다고 한다. 이는 유대인 어머니의 영어식 표현인 'Jewish Mother'에서도 드러나는데

당신의 책장 속에 육아의 답이 있다

이 말의 뜻 중 하나가 '아이가 귀찮아할 정도로 학문의 필요성에 관해 이야기해 주는 어머니'라고 한다. 그것이 어머니로서의 당연한 의무라고 생각한다. 『유태인의 천재교육』에는 다음과 같은 이야기가 나온다.

> 유태 어머니는 자녀가 다른 아이와 어디가 어떻게 다른지를 찾아내어 그 점을 발전시켜 주기 위해 노력한다. 결코 자녀가 다른 아이들과 똑같이 행동하고 똑같은 것을 배우며 판에 박은 듯이 자라는 것을 바라지 않는다. 개성 있는 사람으로 성장해가는 것이 아이의 장래에 유익하다는 것을 굳게 믿고 있기 때문이다. 같은 것을 놓고 우열을 다투는 한, 승리는 소수만이 차지할 수 있다. 하지만 저마다 다른 능력을 가지고 있다면, 서로를 인정하고 협력하면서 모두 공존할 수 있다.
> – 루스 실로, 『유태인의 천재교육』

이 말에 덧붙이자면 유대인을 의미하는 '히브리'란 말은 '혼자서 다른 편에 선다.'라는 뜻이다. '개성을 충분히 살린다.'라는 유대인의 교육 태도가 생활 전반에 자연스럽게 스며있다는 것을 충분히 이해할 수 있는 대목이다.

유대인 부모들은 거기에 더해 아이들에게 지식만 가르치는 것이 아니다. 공부하는 방법, 지식을 자신의 것으로 만드는 방법도 함께 가르친다고 한다. 아이는 그 방법을 다른 일에도 응용할 수 있다. 그러면서 공부에 대한 흥미를 키워 나간다. '물고기 한 마리를 주면 하루를 살지만, 잡는 법을 가르쳐주면 평생을 살 수 있다.'는 말은 여기에서 나왔다. 스스로 답을 찾는 법을 가르치는 것이다.

유대 학교에서는 '배움은 꿀처럼 달다.'는 것을 알게 한다. 그들은 '배움은 꿀처럼 달다.'는 것을 머릿속에 심어주려고 다양한 방법을 사용한다. 그중 한 가지 방법으로 손가락에 꿀을 묻힌 다음 히브리어의 알파벳 스물두 자를 쓰게 하는 것이다. 이것은 이스라엘의 초등학교에서 신입생이 교사와 처음 만나는 날, 공부가 얼마나 달콤한지를 배우는 과정에서 이런 방법을 쓴다고 한다. 교사는 "이제부터 너희가 배우는 것은 모두 이 스물두 자가 출발점이 된단다. 배운다는 것은 이 꿀처럼 달고 맛있는 거야."라고 말한다.

전 세계적으로 노벨상을 받은 역대 수상자 중 유대인이 많다는 것은 익히 알려진 사실이다. "노벨상 수상자 중 20%가 유대인이다."라는 말이 나올 정도로 그 영향력이 크다. 유대인의 두뇌가 우수한 요인에 대해서는 여러 가지 설이 있다. 유태인 어머니들은 아이가 잠드는 침대 곁에서 『탈무드』를 읽어준다. 유대인 아버지들은 안식일을 아이들과 문답하고 대화하는 날로 삼는다. 배움을 꿀처럼 달다고 가르치고 남과 다른 아이로 키운다.

세계인들은 문화와 예술, 경제와 정치 등 각 분야에서 오랜 세월 크게 이름을 떨쳐온 유대인들의 저력이 과연 어디에서 나오는 것인지 궁금해한다. 그 비밀의 열쇠는 바로 아이들의 성장 과정에 있었다. 즉 유대인들의 자녀교육에는 그들만의 독특한 사고법과 방법론이 있는 것이다. 5천 년 시련의 역사에서 의지할 수 있었던 것은 오직 자신의 머릿속에 쌓아둔

당신의 책장 속에 육아의 답이 있다

지혜와 지식뿐이었다. '사람이 살아 있는 한 빼앗을 수 없는 것, 그것은 지혜다.'라는 격언은 유대인이 후손에게 지식을 물려주는 것을 얼마나 중요하게 여기는지 알 수 있게 해 준다.

66
왜 부모는 육아를 싫어하는가?

"아이를 갖는다는 건 인간이 할 수 있는 가장 의미 있고 기쁜 일인데 왜 아이를 키우는 부모는 자식이 없는 사람보다 행복하지 않지?"라는 도발적인 질문으로 현대 가족의 역설에 대한 해답을 찾아 떠나는 책이 있다. 2010년 뉴욕매거진의 커버스토리로 베테랑 기자인 제니퍼 시니어가 쓴 『부모로 산다는 것』이다. 이 책에는 '왜 부모는 육아를 싫어하는가?'라는 부제가 붙었다.

아이를 키운다는 것, 부모가 된다는 것, 결국 행복이란 무엇인지에 대해 그 의미를 추적한다. 그 과정에서 역사, 심리학, 문화인류학, 사회학, 경제학, 철학에 바탕을 둔 관점에서 의미에 대해 접근한다. 사례가 풍부하면서도 에둘러 가지 않는다. '아이를 키운다는 건 인간이 할 수 있는 가장 의미 있고 기쁜 일이라는 데에는 이론의 여지가 없는데 왜 부모들은 불행한가?'라는 식으로 바로 '돌직구'를 날린다.

저자는 "부모가 된다는 것은 성인의 삶에서 맞이할 수 있는 가장 갑작스럽고 극적인 변화 가운데 하나"라고 말한다. 그리고 최근 수십 년 사이에 부모가 되는 경험은 그야말로 수백 가지 요소에서 과거와 달라졌다는 점을 이야기한다. 그렇지만 누구도 '아이가 부모에게 미치는 영향을 묻지 않았다.'고 저자는 말한다. 저자는 '부모가 아이를 키우는 게 아니라 자식이라는 존재가 부모를 새로운 형태로 바꾼다.'는 독특한 주장을 한다. 따라서 부모가 된다는 초점은 '육아'와 '아이'가 아닌 '부모가 되어 가는 과정'에 맞춰져야 한다는 것이다.

> 부모 노릇을 한다는 것은 크게 봐서, 문명사회 안에서 살아갈 준비가 미처 되지 않은 어떤 개인의 성장 패턴을 바로잡아 주는 것이구나 하는 걸 그때 깨달았죠.
> – 제니퍼 시니어, 『부모로 산다는 것』

1968년 앨리스 로시라는 사회학자는 『부모 되기』라는 논문에서 아이를 가진다는 것은 결혼하기 전에 구혼하는 것이나 간호사가 되기 전에 직업 훈련을 받는 것과는 비교도 되지 않는 일이라고 말했다. 아기는 '연약하고 신비로우며' 또 '하나에서 열까지 의존적인' 존재이기 때문이라고 말했다.

그러므로 부모의 성향과 환경에 대한 분석이 선행되어야 이를 바탕으로 각자의 스타일에 맞는 양육의 패러다임을 다시 짤 수 있다. '아이들은 자기 엄마와 아빠의 삶에 어떤 영향을 미치는가?'라는 관점에서 이는 근본적인 패러다임의 전환이며 아이와 부모의 관계를 새롭게 설정하는 초

당신의 책장 속에 육아의 답이 있다

석이 된다는 것이다. 이런 새로운 시점은 힘겹게 하루하루를 살아가는 현대 부모의 정체성에 대해 다시 한 번 생각해 보는 계기가 된다.

아이를 키운다는 건 불안, 갈등, 집착, 상실, 슬픔 등 모든 어려움의 감내와 연결된다. 우리가 잃어버리는 많은 것들에도 불구하고 무엇이 우리를 아침에 일어나게 하고 부모로서의 하루하루를 살아가게 하는가? 그리고 행복이란 무엇인가? 이 책은 곧 부모가 될 사람들, 육아에 지친 엄마와 아빠, 서로에 대한 사랑이 어느덧 희미해져 버린 부부에게 가족과 사랑의 의미가 무엇이고 결국 무엇이 행복이냐에 대한 깊은 성찰의 시간을 제공한다. 주변에서 흔히 듣는 말은 바로 '내가 만일 다시 아이를 키운다면'이다. 그러나 인생에서 '만일'은 있을 수 없다. 충분히 준비하는 부모가 되는 것이 더 현명한 선택일 것이다.

67
미안해, 정말 미안해 그리고 사랑해!

『고함쟁이 엄마』는 독일 아동문학상, 독일에서 가장 아름다운 책 상 등을 수상한 독일의 국민 작가 유타 바우어의 그림책이다. 간결한 글과 그에 어울리는 수채화 같은 깔끔한 그림, 어린아이들이 손에 들고 보기에도 적당한 크기의 이 그림책은 자기 기분대로 아이에게 "소리 지르려" 했던 모든 어른을 멈칫하게 할 만한 메시지를 전한다.

생각 없이 던진 어른의 말 한마디는 종종 아이에게 엄청난 파장을 불러일으킨다. 이 책 속에 등장하는 엄마 펭귄이 내지른 고함 한마디도 아기 펭귄에게 엄청난 결과를 가져온다. 그림책 속 엄마 펭귄은 어느 날, 몹시 화가 나서 아기 펭귄에게 소리를 지른다. 그런데 아기 펭귄은 그 소리에 너무나 놀라 몸이 산산조각이 나고 만다. 머리는 우주로, 몸은 바다로, 날개는 밀림으로, 부리는 산꼭대기로, 꼬리는 거리 한가운데로 조각조각 흩어져버린다.

눈, 부리, 날개, 몸통, 꼬리 등 온몸을 모두 잃어버린 아기 펭귄에게 남은 것은 정처 없이 방황하게 되는 두 발뿐이다. 발만 남은 아기 펭귄은 혼자서라도 자기 몸을 찾고자 했지만, 이미 온 세계에 흩어져 버린 몸들을 다 모은다는 건 아기 펭귄의 능력을 벗어난 일이다. 전 세계에 흩어진 몸을 발 혼자 찾는 것이 불가능하듯, 부모의 말에 상처받고 조각난 마음을 아이가 스스로 추스르는 건 불가능한 일이었다.

잃어버린 아이의 마음을 끝까지 찾아주는 것은 역시 고함쟁이 엄마다. 엄마는 자기의 고함에 흩어져 버린 아이의 몸들을 찾아서 다 모은다. 추스르는 것 역시 어른인 엄마 몫인 것이다. 그리고 마지막으로 방황하는 발까지 찾아 정성스레 꿰매 준다. 책에는 엄마가 소리를 지른 이유도 엄마가 화낼 만한 어떤 사건도 나오지 않는다. 그보다는 온몸이 낱낱이 떨어져 몸을 잃게 된다는 다소 비현실적이고 극적인 사건을 통해, 아이가 감당할 수 없을 정도로 격한 부모의 표현 때문에 아이의 마음이 받는 상처를 보여준다.

『엄마가 화났다』는 아이와 엄마 사이에서 일상적으로 일어나는 갈등과 화해에 관해 이야기하는 그림책이다. 좋아하는 자장면을 먹다 신이 난 주인공 산이. 식탁에서 장난을 치자, 엄마는 가만히 앉아서 얌전히 먹으라고 꾸짖는다. 깨끗이 씻으려다 거품이 신기해서 장난을 치자, 엄마는 버럭 소리를 지른다. 그림을 그리다가 종이가 작아서 벽에 그리자, 엄마는 불같이 화를 낸다. 아이의 잘못된 습관과 태도를 지적하다가 자신도 모르게 더 험한 말과 화를 내는 엄마. 속상하고 가슴 아프지만, 아이는 엄마의 마음은 이해하지 못한 채 깊은 상처를 받는다. 대한민국 엄마와 아이들의 마음을 가장 잘 아는 최숙희 작가의 그림책이다.

그 어떤 치명적인 상처라 해도 치유가 불가능한 것은 아니다. 『고함쟁이 엄마』에서 비록 온몸이 흩어지는 것 같은 고통을 겪은 아기 펭귄이었지만, 엄마 펭귄이 그 상처를 다 꿰매 주고 꼭 안아 주며 "미안해."라고 말할 때 상처는 치유된다.

『엄마가 화났다!』에서처럼 아이들의 장난과 엄마들의 화난 모습. 어느 가정에서나 볼 수 있는 광경이다. 어른들은 아이의 잘못된 습관과 태도를 지적하다가 자신도 모르게 더 험한 말을 하고 화를 내는 경우가 흔하다. 그리고 속상하고 가슴 아프지만, 아이는 엄마의 마음은 이해하지 못한 채 깊은 상처를 받는다. 부모는 아이의 마음을 다 알아주지 못하고 아이 또한 그러한 부모 마음을 잘 알지 못한다. 그럴 때, 서로를 알아가는 과정에서 "미안해, 정말 미안해. 그리고… 사랑해."라는 말은 꼭 필요한 치유방법이 될 것이다.

68

자신감과 행복지수 세계 최고인 북유럽 육아와 교육의 비밀

『스칸디 부모는 자녀에게 시간을 선물한다』는 한국인 저자가 서른 가까운 나이에 스웨덴으로 유학을 가서 스웨덴인 아내를 만나 그곳에서 25년간 자녀 셋을 키운 이야기를 담고 있다. 어린이 놀이터를 보고 저자의 아내가 한국에서 아이들을 키울 수 없다고 말하는 내용이 있다.

저자는 한국에 들어오기 위해 스웨덴에서의 생활을 정리하기로 한다. 저자의 아버지가 평소에 한국으로 언제 돌아오느냐고 자주 물었고 그럴 때마다 그의 스웨덴인 아내도 한국으로 들어가겠다고 대답했다. 그러나 막상 한국에 돌아가게 되자 아내의 태도가 돌연 바뀐다. 절대 한국에서는 아이들을 키우지 않겠다는 것이다. 이유인즉 한국 아파트에서 차를 세우는 주차장은 양지바른 곳에 있지만 어린이놀이터는 햇볕도 잘 들지 않는 추운 응달에 있었다는 것이다. 그것 하나만 보더라도 한국에서 아이들과 여성이 사회적으로 어떤 대우를 받는지 짐작할 수 있다고 했다. 그렇게 아파트를 설계해도 누구 하나 문제를 제기하지 않는 사회에서 아이들을 어떻게 키우며 살아가겠느냐는 것이다.

최근 한국에서 스웨덴을 비롯한 북유럽 교육법에 대한 관심이 높아졌다. '대학까지 무상교육인 데다 친구와 경쟁하지 않고 협력하면서 세계 최고 학력 성취를 이루며, 낙오자 없이 공교육이 모두를 책임지는 것'으로 유명한 북유럽 교육법의 강점은 무엇일까? 많은 책이 나와 있지만 그중에서도 이 책『스칸디 부모는 자녀에게 시간을 선물한다』는 한국, 그것도 경상도 남자의 시각으로 스웨덴에서 아이들을 키우며 경험한 다양한 사례들, 스웨덴의 교육 방법들이 많이 나와 있어 공감 가는 부분이 많았다.

북유럽의 아빠들은 육아에 적극적으로 참여하며 아이들과 함께하는 체험을 삶의 중요한 가치로 삼는다고 한다. 저녁 식사는 꼭 가족과 함께 하고 주말엔 아이들과 야외에 나가거나 공연을 보고 함께 책을 읽는다. 또 아내를 동등하게 대하고 집안일을 나눠 하는 평등한 남편이 북유럽 아빠들이라는 것이다. 요즘 우리 사회도 아빠들의 육아 참여에 대해 강조되고 있는바 참고할 만한 사항이라고 생각한다.

스웨덴을 비롯한 북유럽 국가에서 자녀의 보육 문제로 엄마가 다니던 직장을 그만두는 일은 거의 없다고 한다. 북유럽 사회에서 일하는 여성들, 특히 아이를 둔 워킹맘에 대한 사회적 배려와 경제적, 제도적 지원은 그야말로 세계 최고기 때문이다. 유급 육아휴직 제도, 아동 보조금 제도 그리고 양질의 저렴한 공립 유아 학교 제도 덕분에 맞벌이 부부가 마음 놓고 직장 생활과 양육을 병행할 수 있다. 덕분에 스웨덴의 출생률은 한국의 두 배에 달한다.

스웨덴은 복지국가다. 모든 교육은 무상이다. 말 그대로 유아 학교부터 박사과정까지 교육비 전액이 무상이다. 이런 복지 철학의 바탕에는 평등사상이 자리하고 있다. '자식은 부모를 선택할 수 없다'는 것이 중요한 기본 전제다. 자식이 부모를 선택할 수 없는데 부모를 잘못 만났다는 이유로 열악한 조건에서 성장하도록 놔둬서는 안 된다는 것이다. 소위 말해 예전에 우리나라에서도 자주 나왔던 말인 '개천에서 용 나게' 해 주는 것이 국가의 역할이라는 것이다.

'아이 문제'는 단순히 아이를 낳고 키우는 개인이나 여성만의 문제가 아니다. '아이 문제'는 곧 아빠와 엄마, 가족의 문제고 결국 사회 전체의 문제기도 하다. 아이 문제에 대한 사회의 무관심은 저출산 문제와 직결된다. 스웨덴이 한국보다 출산율이 두 배나 되는 것은 사회적인 분위기와 절대 무관하지 않다. 남녀평등에 가까이 갈수록 아이들이 많아진다는 말이 있다. 아이 문제를 여성의 문제로만 밀쳐낼 것이 아니라 우리 모두의 사회적인 문제로 받아들여야 하는 이유가 여기에 있는 것이다.

69
아이의 작품을 가치 있게 하는 다섯 가지 방법

아이들과 만든 작품을 집으로 보내면 가끔 이런 말로 되돌아온다. "선생님 우리 엄마가 그것 쓰레기통에 버렸어요." 어른들은 자칫 아이들이 만든 것이 조잡하다고 생각하여 아무런 생각 없이 아이가 보는 앞에서 쓰레기통으로 버리는 경우가 있다. 아이에게는 무엇보다 소중한 작품을 그렇게 버린다면 아이는 큰 상처를 받는다.

아이들은 조몰락거리는 밀가루 덩어리 하나도 자신이 만든 것과 친구가 만든 것을 구별할 줄 안다. 어른들이 보기에는 비슷하지만, 아이들은 금방 자신이 만든 것을 알아차린다. 어린아이라도 만든 것을 앞에 두고 자기 것을 가져가라고 하면 교사가 챙겨주지 않아도 자신의 것을 찾아서 가져갈 줄 안다. 그러므로 혹여 다른 친구 것과 바뀌기라도 하는 날에는 큰 울음소리를 들을 각오가 되어야 한다. 그만큼 자신의 것에 대한 애착이 강하다. 그런 것을 어른의 눈으로 판단하여 쓰레기통으로 버린다면 그건 아이의 자존감을 통째로 쓰레기통으로 버린 것과 같다.

'아이와 함께 무언가를 만드는 일은 비싼 장난감 하나 사서 건네주는 것과는 비교할 수 없는 놀이'다. 『프랑스 아이는 말보다 그림을 먼저 배운다』란 책을 보면 '프랑스 부모들은 아이들의 작품을 버리지 않고 소중히 간직한다.'고 한다. 그리고 아이의 작품을 가치 있게 하는 다섯 가지 방법을 제시하고 있다.

1. 작품을 돋보일 수 있게 해 준다.
예: 액자에 그림 걸기, 클리어 파일에 넣어 포트폴리오로 만들기
2. 아이의 이야기를 경청한다.
먼저 아이의 이야기를 다 들어보자. 말이 서툴러도 아이가 말을 마칠 때까지 기다리고 끝까지 들어줘야 아이는 존중받고 있다고 생각한다.
3. 경험, 활동과 관련된 질문을 한다.
예: '우리가 공원에 갔을 때 본 솔방울하고 비슷한 것 같은데? 어때 그런 것 같지 않아?' 등 생각을 확장하는 질문하기
4. 반응을 다양하게 해 준다.
지루하고 기계적인 반응이 아니라 다양한 어휘를 사용하면 듣는 사

람도 기분 좋고 어휘력도 향상시킬 수 있다.

예: 와! 신난다. 재미있다. 정말 멋져 등등

5. 부모 외의 사람들로부터 긍정적인 반응과 칭찬을 들을 수 있도록 한다.

— 신유미 · 시도니 벤칙, 『프랑스 아이는 말보다 그림을 먼저 배운다』

어린이집을 처음 시작했을 때니 벌써 십 년도 훨씬 전의 일이다. 어떤 엄마는 아이가 만든 작품을 모두 벽에 붙이거나 천장에 매달아 두거나 하는 방법들로 나름대로 아이가 만들어가는 소소한 것들을 소중하게 여기고 집안 곳곳에 전시해 두곤 했다. 어린이집에서도 아이들의 끼적거리기 등을 파일로 만들거나 색종이 접기 등도 파일로 만들어서 정리해 보내주곤 한다. 그것을 어떻게 정리해 주느냐에 따라 작품도 되고 하찮은 것이 되기도 하기 때문이다.

아이들의 소소한 것들을 소중하게 매달아 주고 앨범으로 만들어 주는 것과 아무 곳에나 버려두는 것은 다르기 때문이다. 현대처럼 이사를 자주 해야 하는 시대에는 사진으로 찍어 남겨 두는 방법도 있다. 지금도 그때 그 엄마 얼굴이 가끔 떠오르곤 한다. 나중에 세 아이의 엄마가 되어 반갑게 인사를 나눴던 기억도 새롭다. 그리고 아이의 자존감을 섬세하게 챙겨 주던 그 엄마와 아이들은 어떻게 성장했을까 새삼 궁금해지곤 한다.

당신의 책장 속에 육아의 답이 있다

충분히 놀아야 다부진 어른으로 자란다?

2015년 2월 26일자《경향신문》에 흥미로운 기사가 났다.《경향신문》이 서울 시내 두 개 초등학교의 2학년 4개 학급 학생 121명과 부모 86명을 설문 조사한 결과에 따르면 현재 초등학교 2학년 학생 4명 중 1명(23.1%)은 학교가 끝나고 1시간 이상 노는 날이 하루도 없는 것으로 조사됐다. 매일 1시간 이상 논다는 아이도 20.6%에 불과했다. 그러나 조사를 한 아이들의 학부모는 자녀 시절에 68.6%가 매일 1시간 이상 놀고 하루도 못 놀았다는 사람은 1.2%에 그쳤다.

이 조사만 보더라도 아이들의 놀이시간이 예전에 비해 많이 줄어든 것을 알 수 있다. 그렇다면 놀이가 줄어든 이후 아이들은 무얼 하고 있을까? 금방 짐작이 될 것이다. 학교가 끝난 후 방과 후 수업이나 학원을 3개 이상 다닌다는 학생이 42.1%로 가장 많았고 2개도 29.8%나 됐다고 한다.

마음껏 놀지 못한다고 밝힌 아이들이 꼽은 이유는 '학원 가느라 시간이 없어서'(41.3%) '같이 놀 사람이 없어서'(20.6%) '부모님이 못 놀게 해서'(18.9%) 순으로 나타났다. 친구들과 함께 몸으로 뛰어놀거나 간단한 장난감을 가지고 주로 바깥에서 놀았던 부모 세대와는 확연히 다르다. 놀이에 대한 개념이해도 달랐다. 놀이가 무엇이냐는 물음에 부모들은 '즐거움'을 아이들은 '자유'를 1위로 꼽아 세대 간 인식차가 크게 나타나고 있다.

『스칸디 부모는 자녀에게 시간을 선물한다』를 보면 지금도 그 인기가 식을 줄 모르는 블록에 대한 이야기가 나온다. 블록을 쌓아 만드는 3차원의 세계, 아이들의 상상력을 자극하는 전설의 장난감은? 바로 레고다. 90년대 비디오게임의 도전에도 거뜬히 살아남은 최고의 장난감이다. 레고(Lego)는 덴마크어로 '잘 논다(Leg godt)'라는 말을 줄여 붙인 이름이다. 레고의 이름에 대한 예 하나만을 보더라도 '잘 놀아야 잘 큰다.'는 북유럽 부모의 철학이 엿보인다.

우리 사회는 아직도 '놀이는 남는 시간에나 허용되는 일종의 사치'라고 생각하는 경향이 짙다. 그러나 아이들에게 놀이는 성장과 발달을 위한 필수 요소다. 놀 기회를 박탈당한 아이들은 개인적으로도 사회적으로도 부족한 아이가 되기 쉽다. 놀이는 중고등학생에게도 필요하다. 민감한 사춘기인 데다 학업 스트레스가 심한 이 시기에 스트레스를 해소하고 활력을 재충전하는 방법으로 놀이만 한 것도 없다.

> 스칸디 부모들은 한국의 여느 부모들과 달리 공부와 놀이를 엄격하게 구분하지 않는다. 놀이를 통해 아이들은 몸만 자라는 것이 아니라 할 수 있다는 자신감을 배우고 새로운 도전을 받아들여 정서적으로 발전한다. 혼자 하는 놀이든 그룹으로 하는 놀이든, 놀이는 아이들에게 창의력과 탐구심을 발달시킨다. 정신 건강에도 크게 기여한다. 어른들의 간섭이나 통제가 없는 자유로운 놀이를 통해 아이들은 협상 능력, 남에 대한 배려, 통제력과 같은 사회적인 역량을 배운다.
> – 황선준·황레나, 『스칸디 부모는 자녀에게 시간을 선물한다』

당신의 책상 속에 육아의 답이 있다

한국의 부모는 어떨까. 놀이가 필요함은 알지만 놀다가 다른 아이들보다 뒤처질까 봐 걱정한다. 하지만 놀이는 필요하다. 남자아이, 여자아이 구분 없이 평등하게 놀고 놀이를 통해 아이의 가능성과 창의력을 키우는 것이 중요하다. 아이가 잘 자고 잘 먹고 열심히 공부하는 것처럼 잘 노는 것도 성장에 중요한 요소라는 것을 잊어서는 안 된다.

71

프랑스 육아법이란?

미국의 월스트리트저널 기자 출신 엄마가 쓴『프랑스 아이처럼』은 프랑스에서의 육아법에 대해 쓴 책이다. 그녀는 갑작스럽게 정리해고 통보를 받고 좌절에 빠진 상태에서 반쯤 도피성으로 결혼을 택한 후 곧이어 출산과 육아를 경험한다. 그러면서 자신이 태어났던 미국에서의 육아 방식과 프랑스에서 살면서 느꼈던 프랑스 육아법에 차이에 대해 놀라운 발견을 하게 된다. 책은 미국 아마존 50주 연속 베스트셀러를 기록했다.

'내 아이를 어떻게 키워야 할까?'라는 문제는 동서고금을 막론하고 가장 고민스러운 주제인가보다. 누구나 아이를 키우면서 정답을 갖고 있지 않다. 각종 육아 책에도 각기 다른 이론들을 들이대고 있으니 말이다. 그 중에서 가장 자주 언급되는 것은 이런 것이다. '자율을 강조하자니 부모로서 해야 할 역할을 소홀히 한다는 죄책감이 들고 아이의 일거수일투족을 관리하거나 의존성 높은 아이로 자라지 않을까 걱정스럽다.'는 것이다. 두 가지의 균형을 맞추는 것이 얼마나 어려운 일인가.

그런데 세상에서 가장 편한 육아, 시름없는 육아를 하는 곳이 있다고 한다. 바로 프랑스라고 저자는 말한다. 도대체 프랑스는 어떤 육아 방식으로 아이를 기르는 것일까? 미국은 한국과 별반 다르지 않은 육아 경향을 가지고 있다. 미국의 월스트리트 저널 기자 출신 엄마가 본 '프랑스식 아이 키우기'는 도대체 어떤 것이었을까? 일단 두 가지를 들어보자면 다음과 같다.

프랑스어로 앙팡루아(enfant)은 '왕 아이'라고 한다. 가족 안에서 왕처럼 군림하는 아이를 말하는 것으로 언제든 자기가 원하는 것을 얻어낼 수 있고 떼만 쓰면 뭐든 용인되며 가족들 모두가 아이를 중심으로 생활하는, 그래서 아이가 가족의 중심이 되는 것을 의미한다. 그런데 프랑스에서는 "댁의 아이는 앙팡루아군요?"라는 말이 최고의 모욕이라고 한다. 아이 자신도 혼돈과 자제력 부족으로 고통받게 만드는 최악의 육아 방식이라는 것이다.

프랑스 아이들은 태어나자마자 하루 4~5회 정해진 시간에만 분유를 먹으며 이는 유아가 되어도 계속 이어져 어른과 같은 식단으로 어른과 같은 식사시간에 식사해야 하며 간식도 구테(gouter)라는 간식 시간에만 먹도록 허용된다. 설령 누군가가 선물로 사탕이나 초콜릿을 주어도 그것을 집으로 가져왔다가 구테 시간이 되어야 먹을 수 있다. 심지어 구테 시간이라 해도 아무거나 먹을 수는 없다고 한다.

미국식 육아에 흠뻑 젖어 있는 우리 사회에서 아이를 혼내거나 윽박

당신의 책장 속에 육아의 답이 있다

지르는 것은 '아이의 기를 꺾고 창의성을 죽이는'일로 받아들여진다. 그러나 프랑스에서는 이런 일은 상상조차 할 수 없다고 한다. 아이를 위해 온 가족이 희생한다는 것을 석연치 않아 하고 아이란 조건 없는 보살핌을 필요로 하는 불완전한 존재라고 여기지도 않는다는 한다.

프랑스식 육아는 프랑스의 기본 철학에서 출발해 루소에 이르러 꽃을 피웠다. 루소는 『에밀 혹은 교육에 관하여』를 1762년에 썼다. 독일의 철학자 칸트는 루소의 『에밀』의 중요성을 프랑스 혁명에 빗댔을 정도다. 아이의 자발성이 싹트게 도와주면서 명확하고 합의된 틀과 기준이 존재하는 프랑스식 육아법. 오늘날 우리 육아 현실에도 큰 의미를 던져주고 있다.

72
흘러넘치도록 사랑하라

'흘러넘치도록 사랑하라.'는 말은 언제 들어도 기분이 좋다. '넘치는 것은 부족한 것만 못하다.'는 표현도 있지만 '흘러넘치도록 사랑하라.'는 말은 예외로 하고 싶다.

유아 교육 강사와 공립 어린이집 원장으로 일했던 경험이 있는 일본인 저자 모토요시 마토코가 쓴 『흘러넘치도록 사랑하라』라는 책이 있다. 이 책은 아이들의 문제 행동에 대해 심리적인 접근법을 사례를 들어 신고 있다. 제목에서 풍기는 것처럼 부모와의 애착관계에서 많은 문제가 발생한다. 대소변 문제도 애착관계 관점에서 접근하면 그 해결방법이 달라진다.

저자에 따르면 오줌과 똥을 싸는 행위는 어린아이가 부모의 관심을 끄는 가장 좋은 수단이다. 밤에 오줌을 싸거나 하루에도 몇 번씩 팬티를 적시는 행동은 아이가 멈추고 싶어도 멈출 수 없고 또 내일부터 하지 않겠다고 약속을 해도 멈추지 않는다는 것이다. 하지만 아이의 허전한 마음과 솔직하게 털어놓을 수 없는 여린 가슴에 부모의 사랑과 관심이 전해지면 그 순간 문제는 사라진다고 한다. 이는 아이의 나이가 세 살이든 열세 살이든 아이라면 모두 똑같다고 한다.

세상의 많은 부모는 자신이 아이를 충분히 사랑하고 있다 생각한다. 그러나 아이는 엄마 아빠가 자신을 사랑하고 있다는 확신이 필요하다. 일단 꾸물대거나 오줌을 싸거나 교실 안을 산만하게 돌아다니고 난폭하게 구는 등 문제 행동하는 아이의 말을 잘 들어줘야 한다. 부모가 아닌 아이가 원하는 것을 충분히 들어주라고 조언한다. 그리고 부모가 '흘러넘치는' 사랑과 관심을 쏟으면 아이는 놀랄 만큼 금세 좋아진다.

아이는 어른의 얼굴이고 거울이다. 흘러넘치는 사랑! 그것이 아이에게만 필요한 것일까? 그것은 이 시대를 살아가는 어른들에게도 꼭 필요한 것이다. 요즘 문제 행동을 하는 아이들이 점점 더 많아진다고 한다. 그만큼 사회에 사랑이 부족하기 때문이 아니겠는가. 올해는 적어도 사랑만큼은 흘러넘치는 그런 한 해가 되었으면 좋겠다.

당신의 책장 속에 육아의 답이 있다

육아,
읽는 만큼
잘할 수 있다

1

애착은 아이들이 평생 꺼내 먹어야 하는 영양소

『엄마와 아이와 애착 다지기』, 최명선 · 차미숙 · 김난희, 이담북스, 2012

이 책을 가장 먼저 소개하는 것은 그만큼 이 책의 가치를 크게 느끼고 아끼기 때문이다. 수많은 자료를 찾아보았고 책을 읽어보았지만, 이 책만큼 애착에 대한 이해와 애착 다지기 방법이 손쉽게 잘 정리된 책은 드물었다. 요즘도 어린이집 교사나 원장 그리고 초등학교 교사 등을 만나면 이 책을 소개하고 읽어보기를 적극적으로 권장하고 선물하기도 한다. 책을 읽으면서 어린이집 현장에서 활용하고 있는 많은 프로그램 활동들이 실제로 모두 '애착'에 관련된 활동이라는 것을 더욱 실감할 수 있었다.

이 책은 '아동청소년 상담센터 맑음' 원장 최명선과 심리치료 전문가 9인이 함께 엮었는데 우리 아이 문제 행동 개선 솔루션을 제안한 책이다. 엄마들이 가장 고민하는 일곱 가지 대표적 문제 상황에 대한 명쾌한 지침과 이에 대한 '심리치료적 접근법'을 공개한 것이 특징이다. 이 책에서는 아이의 모든 다양한 증상 뒤에는 '애착'이라는 하나의 원인이 버티고 있다고 보고, 권마다 전문가들의 실질적인 노하우와 함께 공감할 수 있는 구체적인 사례들을 담고 있다.

당신의 책장 속에 육아의 답이 있다

2

엄마 마음을 알아야 아이의 마음을 알 수 있다

『애착의 심리학』, 이보연, 웅진웰북, 2010년

자녀교육 전문가인 저자가 애착 이론을 바탕으로 그동안 연구해온 안정되고 좋은 애착을 위한 조건들에 대해서 다루고 있다. 가장 눈여겨 볼 만한 것은 아이의 문제는 부모의 문제이기이며 진정한 아이와의 애착관계 형성을 위해서는 먼저 부모 자신의 애착 형성을 돌아봐야 한다는 점이다. 또한, 부모가 자신을 성찰하는 방법도 알려준다.

3

엄마도 사랑받고 싶어 한다

『마더 쇼크』, EBS 마더쇼크 제작팀, 중앙북스, 2012년

세 번째 책으로『마더 쇼크』를 소개하는 것도 역시 '엄마라는 왕관의 무게'를 견뎌야 하는 엄마들을 위로하기 위해서다. 양육과 육아의 부담에서 한 발자국도 물러설 수 없는 처지에 있는 한국 엄마들. 뜻밖에 그녀들을 위한 책이 그리 많지 않다. 특히 위로가 되는 책은 드물었다. 대부분 질책과 죄책감을 주는 내용이라 의기소침할 때쯤 이 책을 만났다. 이미 방송 등을 통해서 접한 사람도 많고 비디오까지 나와 있다. 그만큼 많은

관심을 받았다고 할 수 있다. 이 책은 오로지 엄마를 위한 책이라 소개하고 싶다.

자녀를 키우는 엄마 3,907명을 대상으로 진행한 연구 결과에 따르면 엄마들의 일상 활동 중 가장 큰 행복이 '자녀를 돌볼 때'라고 나타났다. 엄마들이 가장 우울하고 피곤하다고 느끼는 상황 또한 '자녀를 돌보는 상황'이었다. 즉 아이는 엄마의 가장 큰 행복임과 동시에 가장 큰 스트레스라는 것이다. 그렇지만 우리는 아이를 키우는 행복에 관해서만 이야기하고, 아이를 키우는 스트레스에 대해서는 쉬쉬하고 있다. 극한의 두 얼굴. 육아를 담당해야 하는 엄마들의 대변서.

4
아버지로 산다는 것에 대하여

『파더 쇼크』, EBS 파더쇼크 제작팀, 쌤앤파커스, 2013년

이 책 역시 EBS에서 제작한 부모교육 프로그램 중 하나인 〈EBS 다큐 프라임 파더쇼크〉를 토대로 책으로 엮은 것이다. 30여 년간 동서양에서 수행된 부성에 관한 연구를 총망라해 자신을 비롯해 아이와 가족의 행복을 위해 아버지들이 추구해야 할 진정한 아버지상이 무엇인지 제시한다. 프로그램을 책으로 엮으면서 아빠의 역할이 무엇인지 혼란스러워하는 부모들에게 이 시대에 맞는 올바른 아빠의 양육방향과 그 역할을 상세하게

당신의 책장 속에 육아의 답이 있다

제시하고, 엄마들이 흔히 가질 수 있는 아빠 역할에 대한 편견을 깨는 것에 중점을 두었다고 한다. 저자는 이 책을 통해 아이를 양육하는 데 무엇보다 중요한 출발점은 엄마, 아빠 모두가 각자 고유의 역할을 제대로 인식하고 서로의 역할을 존중하는 것임을 강조하고 있다.

이 책은 친구 같은 아버지는 아이에게 좋은 영향을 주는지, 애착과 훈육의 균형을 어떻게 맞출 것인지 등 아버지 본연의 역할에 대해 모색하였고, 아버지 자신의 내면에 숨어있는, 무뚝뚝하고 권위적인, 폭력성을 가진 '나쁜 아버지'의 영향력을 끊어내는 방법에 대해서도 살펴본다. 또한, 사회와 가정, 개인 모두가 노력해야 하는 부분도 꼬집고 있다. 세계에서 가장 일을 많이 하는 대한민국 아버지들이 좋은 아빠가 되기 위해 아버지학교를 개최하는 기업의 사례, 사회적 인식 개선 등도 함께 수록했다.

5
부모로 산다는 것, 그 지난함에 대하여

『부모로 산다는 것』, 제니퍼 시니어, 이경식 옮김, 알에이치코리아, 2014년

이 책은 저널리스트인 저자가 2010년 뉴욕 매거진 커버스토리에 발표한 분석 기사를 바탕으로 추가 조사 및 실험, 연구, 인터뷰한 결과물을 엮은 것이다. 저자는 육아와 행복에 대한 잘못된 신화의 진실을 밝히고 현대 부모의 정체성과 사랑의 의미를 재조명하고 있다.

저자는 역사, 심리학, 문화인류학, 사회학, 경제학, 철학에 이르기까지 방대한 조사와 실험들, 다양한 인터뷰를 통해 과거 세대와 전혀 다른 아이들의 출현이 부모에게 미치는 영향을 추적한다. 그리고 아이의 발달 단계에 따라 전혀 다른 양상으로 전개되는 가족의 문제를 하나하나 해부해나간다. 그래서 다소 난해하거나 어려울 수도 있지만, 이 점이 기존 육아서들과는 다른 차별점이기도 하다.

임신에 수면 부족이 미치는 영향, 왜 아이가 부모를 미치게 하는지를 설명하는 생물학적 토대들, 아이와의 행복한 기억이 덧없이 사라져버리는 이유, 결혼생활의 변화들, 일과 양육 사이에서 발생하는 일들, 가사분담에 대한 남녀의 생각 차이, 과잉양육시대 부모의 역할 변화, 싱글 맘의 고민, 사춘기 자녀를 둔 부모의 충격적 심리 변화, 아이들과의 생활과 대화를 통해 부모가 새롭게 배우는 것 등 수많은 변곡점과 갈등의 요인들을 분석한다.

수년간의 추가 조사와 연구 끝에 2014년 1월에 출간된 책은 출간 즉시 아마존 종합 베스트셀러가 되었고, 《뉴욕타임스》의 커버스토리로 다루어지는 등 전 언론의 집중 조명을 받으며 '예리한 통찰과 매혹적인 감성의 결합'이라는 찬사를 받았다. 아이들은 자기 엄마와 아빠의 삶에 어떤 영향을 미치는가? 이는 근본적인 패러다임의 전환이며, 아이와 부모의 관계를 새롭게 설정하는 초석이다. 또한, 힘겹게 하루하루를 살아가는 현대 부모의 정체성에 대한 탐구이자, 슬픔과 상실에도 불구하고 세상을 살아가야 하는 사랑의 의미에 대한 재조명이다.

당신의 책장 속에 육아의 답이 있다

6
사회성발달의 시작은 어린이집에서 시작된다

『아이의 작은 인생은 어린이집에서 시작되었다』,

최경애, 포북(forbook), 2013년

육아와 관련한 다양한 책을 많이 읽었는데 가장 찾기 어려운 책 중 하나는 어린이집 관련 책이었다. 특히 어린이집 현장에 관한 에세이 등은 찾아보기 더 힘들었다. 그러다가 이 책을 만났다. 어린이집에 대한 정책과 교육 프로그램, 보육료 정책 등이 수없이 바뀌는 동안 어린이집에 대한 정보를 다룬 책이 단 한 권도 없었다는 사실에 더더욱 책을 내고 싶었는데 이 책을 찾고 얼마 지나지 않아 어린이집 정보에 관한 책이 두어 권 더 출판되었다.

'유치원보다 어린이집 숫자가 훨씬 많은 현실에서 어린이집에 대해 좋지 않은 소식을 들어야 하는 엄마들은 답답한 인터넷이나 주변 엄마들의 의견에 전전해야 하는 상황. 유치원 또는 어린이집 교사는 물론 엄마들이 함께 나누면 좋은 어린이집에 대한 세세한 정보와 마인드를 공유합니다.' 이 책이 하고자 하는 말이다.

이 책은 저자가 지난 10년 동안 3~7세 아이들과 함께 보내면서 겪고, 느끼고, 체험한 이야기를 담았다. 식단, 프로그램, 생활, 교육 등 너무 소소하지만, 부모에게는 너무도 소중한 내 아이의 어린이집 생활 백서, 차마 담임선생님께 물어보기 민망하거나 불편했던 이야기들에 대한 해답도 살짝 실어놓았다.

부록 육아, 읽는 만큼 잘할 수 있다

좀 더 아이가 자라면 『우리 아이 유치원 찾기』란 책도 읽어보자. 지역에서 일하는 10년 차 유치원 교사가 펴낸 책이다. 만 3세에서 5세까지 유치원 취학 연령대의 자녀를 둔 부모라면 누구나 가지고 있는 고민과 궁금증을 현직 유치원 교사의 현장 경험으로 풀었다. 내 아이에게 맞는 유치원을 고르는 법부터 입학 전 준비 과정, 아이가 보이는 문제 행동의 원인과 해법까지, 아이가 유치원에 잘 적응하고 행복하게 생활할 수 있도록 돕기 위해 부모가 알아야 할 내용을 담았다. 또한, 저자가 유치원에서 아이들과 함께 생활하며 경험한 다양한 사례와 교사의 입장에서 전하는 조언은 부모가 아이–부모–교사 사이에서 발생할 수 있는 문제들을 이해하고 해결하는 데 도움을 준다.

ㄱ

부모, 교사, 연구자들이 모여서 만든 보육 실천기록

『우리 아이 어떻게 키울까?』, 오사카보육연구소, 보리, 2007년

우리나라에도 2006년 어린이집에 '평가인증'이 도입되면서 어린이집 표준교육과정에 기초한 『표준교육과정프로그램』이 보건복지부에서 발행되었다. 그러나 이웃 일본에서는 벌써 1980년대에 '보육실천기록'이 제작되어 있어서 부럽다는 생각을 잠시 했다. 이 책은 시리즈로 구성되어 있는데 『한 살, 우리 아이 어떻게 키울까?』부터 『여섯 살, 우리 아이 어떻게 키울까?』 등 총 6권 세트로 구성되어 있다.

이 시리즈는 일본 오사카보육연구소에서 60명이 넘는 부모, 교사, 연구자들이 모여서 경험하고 연구한 내용을 바탕으로 쓴, 어린이집 보육 실천기록이다. 가정에서 부모가 어린아이를 어떻게 키워야 하는지를 보여줄 뿐 아니라, 어린이집이나 유치원 같은 보육 기관에서 아이들을 올바르게 돌보는 데 필요한 내용이 꼼꼼하게 적혀 있다.

8
중국 어린이집 원장이 현장사례를 중심으로 상담하는 글

『아이의 두 얼굴』, 린이, 김락준 옮김, 부키, 2013년

아이와의 싸움에 지친 엄마들을 위한 조언 『아이의 두 얼굴』. 20년 넘게 어린이집을 운영하며 아이들과 함께해 온 저자가 직접 겪은 이야기를 바탕으로 아이를 이해하고 아이와 대화하고 아이의 문제를 해결하는 방법을 알려주는 책이다. 110개의 아이 행동 사례를 담아 이를 바탕으로 아이의 속마음을 알고 내 아이에게 맞는 양육 방법을 찾아갈 수 있다. 아이의 말과 행동을 차분히 관찰하며 아이를 이해할 수 있도록 이끌어준다.

신중한 아이, 성격이 급한 아이, 예민한 아이 등 유형별로 특성이 있는 아이들을 어떻게 교육해야 하는지 알 수 있도록 했다. 이를 통해 아이의 본성과 성격, 언어를 이해하고 대화하며 쉽고 즐거운 육아를 해나갈 수 있도록 돕는다. '아이는 무엇을 원하고 있을까?' 궁금하다면 이 책을 펴 보며 궁금증을 풀어가자. 책 속에 길이 있을 수 있다.

9

프랑스는 아이를 어떻게 키울까?

『프랑스 아이처럼』, 파멜라 드러커맨, 이주혜 옮김, 북하이브, 2013년

요즘 대세로 떠오르는 것이 세상에서 가장 편한 육아, 시름없는 육아를 한다는 프랑스의 육아에 대한 관심이다. 엄마라는 타이틀을 가지고도 절대 하이힐을 벗지 않는다는 프랑스 엄마들은 과연 어떻게 육아를 하는 것일까? 가정 풍경은 어떨까? 육아법으론 왠지 불안한 당신을 위해, 여기 프랑스식 육아법이 있다. 극단의 규율과 너그러운 방종이 공존하는, 조금은 이기적이고 조금은 덜 짐스러운 프랑스식 육아법 이야기를 만나보자.

프랑스식 육아는 프랑스의 기본 철학에서 출발해 루소에 이르러 꽃을 피우고 프랑스 혁명과 시민사회를 거치면서 다양한 사상가와 전문가들에 의해 체계화된 프랑스의 양육 철학에 바탕을 두고 있다. 아이의 자발성이 싹트게 도와주면서도 명확하고 합의된 틀과 기준이 존재하는 프랑스식 육아는 좋다는 것이면 무작정 따라 다니는 기준점 없는 오늘날의 대한민국 육아 현실에도 유의미한 준거와 방침을 제시해 준다.

10

유대인 부모가 한국 부모와 다른 점

『부모라면 유대인처럼』, 고재학, 예담프렌드, 2010년

"물고기를 주어라, 한 끼를 먹을 것이다. 물고기 잡는 법을 가르쳐 주어라, 평생을 먹을 것이다."

다른 건 몰라도 유대인의 탈무드 교육하면 이 문구는 익히 다들 알고 있을 것이다. 저자는 유대인들의 자녀교육법에 대해 오랜 시간 공부해온 연구를 바탕으로 유대인들의 교육방법을 한국적으로 소화하여 책을 썼다고 한다. 주입식 교육, 단답형, 입시 위주의 교육이 아니라 자녀의 두뇌계발과 가정교육, 공동체 의식을 중점으로 두는 탈무드 식 교육방법은 인격형성이나 참된 삶을 살아가는 데 기초라고 할 수 있다. 또 끊임없이 질문하라는 조언은 공부에는 끝이 없으며 죽을 때까지 호기심을 갖고 열정적으로 살라는 일종의 인생철학이기도 하다. 내 아이가 똑똑하지만, 정서가 텅 비어버린 죽은 아이가 아닌, 자신의 삶을 스스로 개척하여 살아가는 아이가 되길 바라는 부모들에게 유용할 것이다.

『부모라면 유대인처럼』에서는 이처럼 평범한 아이도 세계 최강의 인재로 키워내는 유대인들의 자녀교육 원칙을 52가지 키워드로 꼼꼼하게 소개한다. 자녀의 지능과 창의력, 사회성 계발을 부모 책임이라고 자신 있게 말하는 그들의 교육 원칙은 어떠한지 5개 영역(가정교육, 지능계발, 창의력, 인성교육, 진로상담)으로 나누어 살펴보고, 우리 가정에 적용할 방법을 알려준다.

부록 육아, 읽는 만큼 잘할 수 있다

11

북유럽 육아, 왜 대세로 떠오르나?

『스칸디 부모는 시간을 선물한다』, 황선준, 황레나, 예담프렌드, 2013년

이 책은 저자가 서른 가까운 나이에 스웨덴으로 유학을 갔고 거기서 스웨덴인 아내를 만나 그곳에서 25년간 자녀 셋을 키운 이야기를 담고 있다. 그중, 다음과 같은 장면에서는 그것들에 무감각했던 자신이 부끄럽게 느껴지기도 했다. 어린이 놀이터를 보고 저자의 아내가 한국에서 아이들을 키울 수 없다고 단언한 장면에서다.

스웨덴에서 생활을 정리하고 한국으로 오기 위해 스웨덴으로 가던 날, 그의 아버지는 이제 집으로 돌아오느냐고 자주 물었고 그럴 때마다 그의 아내는 돌아오겠노라고 거듭 말을 했다는 것이다. 그런데 스웨덴에 도착하자마자 저자의 아내는 돌연 태도가 바뀐다. 절대 한국에서는 아이들을 키우지 않겠다는 것이다. 이유인즉 아파트에서 아빠들의 차를 세우는 주차장은 양지바른 곳에 있지만 어린이놀이터는 햇볕이 잘 들지 않는 추운 응달에 있었다는 것이다. 그것 하나만을 보더라도 한국에서 아이들과 여성이 사회적으로 어떤 대우를 받는지 짐작할 수 있다고 했다. 그런데 그렇게 아파트를 설계해도 누구 하나 문제를 제기하지 않는 사회에서 아이들을 어떻게 키우며 살아가겠느냐고 반문하는 대목이다.

최근 우리나라에서는 스웨덴을 비롯한 북유럽 교육법에 대한 관심이 높아졌다. '대학까지 무상교육인 데다 친구와 경쟁하지 않고 협력하면서 세계 최고 학력 성취를 이루며, 낙오자 없이 공교육이 모두를 책임지는

당신의 책장 속에 육아의 답이 있다

것'으로 유명한 북유럽 교육법은 어떤 것일까? 많은 책이 나와 있지만 그 중에서도 한국, 그것도 경상도 남자의 시각으로서 아이들을 키우며 경험한 다양한 사례들과 스웨덴의 교육 방법들은 이해가 쉽고 공감이 가는 부분이 많다.

12
애착 육아의 선두 우리 전통 육아에 대한 편견을 버려라

『오래된 미래, 전통육아의 비밀』, 김광호, 조미진, 라이온북스, 2012년

5천 년 역사를 담고 있는 전통육아에 숨겨진 비밀을 찾다! 육아의 길을 잃고 헤매는 이 시대 엄마들을 위한『오래된 미래, 전통육아의 비밀』. EBS '다큐프라임–오래된 미래, 전통 육아의 비밀'의 방송 내용과 함께 방송에서 못 다한 실질적인 사례와 실험 등을 함께 담아낸 책이다. 전통 육아에 대한 기존의 선입견을 깨고, 새로운 생명육아와 생태교육의 세계를 보여준다. 과학의 눈으로 새롭게 조명한 전통 육아를 모두 4부로 나누어 살펴본다. 미국에서 일고 있는 애착 육아 운동과 함께 엄마들 사이에서 인기 상품으로 떠오른 포대기에 숨겨진 비밀을 알아보고, 외면당해온 전통 육아에 숨어 있는 진짜 과학을 만나본다. 또 아이와의 잦은 신체 접촉과 상호작용을 통해 단단한 애착을 형성하고, 아이의 뇌 발달에 큰 영향을 끼치는 놀이인 곤지곤지, 잼잼에 관해 이야기하고, 잃어버린 육아의

원형을 찾는다. 이를 통해 육아의 길을 잃고 불안해하는 엄마들에게 제대로 된 육아의 길을 찾을 수 있도록 도와준다.

특히 비디오로도 제작된 이 프로그램은 아이들을 전통방식으로 어떻게 키우는가에 대한 실제 영상이 담겨 있다. 그림책이나 말로만 듣던 육아법을 직접 따라서 실행해 볼 수 있다. 영아기에 있는 아이들에게 전통적으로 내려온 육아법은 핵가족화되거나 서양 육아법에 밀려 터부시된 점도 있다. 그러나 외국 사례나 조용하게 번지고 있는 전통육아법을 영상을 통해 따라 하다 보면 어릴 적 부모에게서 배웠던 것을 기억해 내고 쉽게 적용할 수 있다. 왕족들의 '단동십훈' 등을 만날 수 있다.

13
놀이에도 진짜와 가짜가 있다

『놀이의 반란』, 놀이의 반란 제작팀, 지식너머, 2013년

아이들은 놀면서 소통하고 끼리끼리 놀이의 종류와 규칙을 정한다. 자연스레 새로운 상상이 가미된다. 또 어떤 위기나 다툼의 순간에 마주했을 때 문제를 해결하고 조정하는 능력을 스스로 키운다. 그 과정에서 상대방을 이해하고 배려하는 방법과 내성을 기르기도 한다. 아이들에게 놀이를 빼앗는 것은 세상을 배우는 기회를 앗아가는 것이라는 말도 있다. 어떤 놀이 전문가는 '어릴 적 10년간의 놀이가

평생 쓸 삶의 밑바닥 힘을 다지는 토대'라고 한다. 놀이도 때가 있고 결코 그 때를 놓쳐서는 안 된다는 뜻이다. 그러니 '놀이가 밥'이라는 말이 성립되는 것이다. 이제부터라도 아이들에게 '놀이 밥'을 먹이는 부모와 학교가 돼보자.

－《경향신문》, 2015년 5월 6일자

얼마 전 이런 뉴스를 들었다. OECD 국가 중 한국 아이들이 불행하다는 이유로 놀이를 더 많이 할 수 있게 하라는 경고를 받았다는 내용이다. 그리고 전국의 교육감들이 주축이 된 놀이헌장 발족 소식을 들었다. OECD 국가 중 아이들 행복지수 최하위라는 기사는 몇 년째 인터넷에 오르내리고 있다.

이 책은 방송에서 중점적으로 다루었던 놀이의 효과 및 엄마 놀이와 아빠 놀이가 아이에게 미치는 영향, 연령별 두뇌발달과 놀이의 관계에 대해 심도 있는 분석을 충실히 담아냈다. 또한, 달라진 가족문화와 환경에 따라 최선의 놀이를 제공할 수 있는 구체적인 대안과 실천방법을 소개함으로써 이 시대 많은 부모들에게 양육의 방향성을 제시하고 있다.

14

아빠들이 만든 224가지 초 간단 놀이 법

『아빠와 함께하는 하루 10분 생활놀이』,

권오진, 탁경운, 권규리 그림, 경향BP, 2012년

놀이에 대한 책을 찾아보니 이만한 책을 만나기는 쉽지 않았다. 특히 아빠와 할 수 있는 쉽고 간단한 놀이에 대한 책을 찾기는 정말 쉽지 않다. 우리의 육아가 어떤 양육자에게 초점이 가 있는지를 여실히 느낄 수 있었다.

이 책은 가정에서 구하기 쉬운 재료를 가지고 간단하고 단순하게 해볼 수 있는 놀이가 널려있음을 알게 해 준다. 마음이 없을 뿐, 작정하고 찾아보면 얼마든지 가능한 놀이들이다. 익히 어렸을 적 우리가 해 오던 것들이기도 하다. 단지 그것을 놀이라고 인지하지 못하고 놀이라는 것을 어떤 특별한 것으로 생각해 이런 놀이에 선입견과 두려움을 가진 것이 문제였을 것이다. 감히 놀이의 '백과사전'이라고 부르고 싶다. 저자는 카페도 운영하면서 활발하게 활동하고 있으니 이래저래 바쁜 아빠들도 쉬이 다가갈 수 있을 것이다.

당신의 책장 속에 육아의 답이 있다

15

몸을 위해 밥을 먹듯 놀이를 먹자

『아이들은 놀이가 밥이다』, 편해문, 소나무, 2012년

아이들은 이렇게 멸종하는가? 최근 날로 높아만 가는 청소년 자살률, 또 날로 심해지는 학교 폭력과 왕따로 힘들어하는 우리 아이들을 우리는 어떻게 바라보아야 할까? 오늘 아이들이 겪는 몸, 마음, 영혼, 관계, 우정 등의 어려움을 아이들 스스로 헤쳐나가게 할 방법은 없는 걸까? 삶 자체가 고통인 우리 아이들은 어떻게 하면 행복해질까? 어느 날부턴가 아이들 곁에서 사라진 '놀이'의 실종에 그 고통의 이유가 있지는 않을까? 이러한 질문들에 대한 답을 찾는 책이다.

공기놀이, 고무줄놀이, 제기차기, 굴렁쇠 굴리기, 활쏘기 등의 놀이를 아는 세대는 어린 시절, 마음껏 놀면서 행복했던 기억이 오늘 우리가 살아가는 힘이며 밑거름이라고 생각한다.

『아이들은 놀이가 밥이다』는 오랫동안 '어린이놀이운동가'로 활동해온 저자가 이 시대의 어른들에게 던지는 물음이며, 반성이고, 다짐이다.

경쟁력과 스펙을 쌓아야 한다는 어른들의 생각 때문에 골목에서 아이들이 노는 모습을 보기가 어렵다. 골목에서 사라진 아이들은 학교와 학원과 집을 오가면서 게임기와 컴퓨터, 스마트폰에 매달려 산다. 저자는 이러한 환경에 대한 우려와 함께 '하루를 잘 논 아이는 짜증을 모르고, 10년을 잘 논 아이는 마음이 건강하다.'고 말하고 있다. 우리 몸을 위한 음식을 고루 잘 먹듯이 '놀이 밥'도 꼬박꼬박 먹어야 건강하게 자랄 수 있다는

것이다.

아이는 제대로 놀아야 건강하고 조화로운 사람으로 자란다는 것. 그러므로 저자는 '놀이'도 아이들에게 '밥'이라고 말한다.

16
120가지로 구성된 뇌 발달 육아서

『뇌가 즐거운 아기 놀이 120』, 뇌발달영아놀이연구팀, 꽃숨, 2013년

월령별로 6단계, 총 120가지 놀이로 구성된 뇌 발달 육아서다. 감각인지 · 사회정서 · 신체운동 · 의사소통의 4가지 영역을 고루 발달시키는 120가지의 다양한 활동을 소개하여 엄마와 아기의 즐거운 상호작용을 할수 있도록 도와준다. 일상생활 속에서 다양한 소재를 활용한 놀이 법을 담아 아기와 소통하며 즐겁게 노는 법을 알려주는 실전적 육아서이다. 이 책의 저자들은 유아교육과 뇌 과학, 소아의학 전문가로 구성되어있고, 연구를 통해 엄마와의 상호작용을 통한 놀이가 아기의 안정적인 애착 형성과 뇌 발달에 큰 영향을 미친다는 것을 보여주고 있다. '아기와 엄마의 교감이 아기의 뇌 발달을 돕는다.'는 것이 이 책의 주요 사상이다.

저자 뇌발달영아놀이연구팀은 2010년부터 3년간 한국연구재단으로부터 인문사회과학(SSK, Social Science of Korea) 연구지원을 받아 영아기 양육환경개선을 위한 뇌기반적 융합연구를 진행해오고 있다. 연구팀은 유아

당신의 책장 속에 육아의 답이 있다

교육과 뇌 과학 · 소아의학 전문가로 구성되어 있다.

17

심심할 때 아이들은 성장한다

『심심쟁이 아이를 위한 놀이의 반란』, 김윤정, 박도현, 담소, 2012년

이 책은 놀이가 필요한 시기인 4~7세 아이를 둔 부모들에게 하루 20분, 체험 및 독서, 교구, 바깥놀이를 통해 아이를 영재로 만드는 방법을 알려준다. 주말마다 아이 손을 잡고 갈 수 있는 어린이 전용 낚시터가 있는 물고기 체험교육 학습장, 직업체험 테마파크, 해양탐구 자연학습장 등의 체험학습 공간을 소개하고, 아이의 발달과 흥미에 맞는 책을 골라 재미있게 읽어주는 독서놀이, 교육적인 효과가 있는 교구를 이용한 교구놀이, 자연 속에서 자유롭게 뛰어놀며 즐길 수 있는 바깥놀이 등 아이와의 신나고 재미있는 놀이의 경험을 공유한다.

1장 '체험놀이'에서는 체험시설을 활용해 아이의 넘치는 호기심을 충족시켜주는 체험 장소가 소개된다. 체험을 통해 부모와 함께하는 시간도 만들고 창의력과 사고력까지 키울 수 있는 여러 가지 놀이를 소개한다.

2장 '독서놀이'에서는 아이에게 정해진 독서를 양으로 승부하는 것이 아닌 아이와 함께 책 속에 나오는 여러 가지 이야기를 통해 해 볼 수 있는 놀이를 소개한다. 늘 하는 책 읽기의 독서가 아닌 놀이로서 재탄생되는

부록 육아, 읽는 만큼 잘할 수 있다

독서를 소개한다.

3장 '교구놀이'에서는 아이들에게 부모가 기념일마다 또는 아이의 지능계발을 위해 사들인 교구가 훌륭한 놀이로 변신할 수 있는 마법을 보여준다. 단순히 지능계발의 목적이 아닌 놀이로 접근한 교구의 참모습을 알려주며, 아이의 창의력과 사고력에도 도움을 주는 정보를 소개한다.

4장 '바깥놀이'에서는 바깥의 모든 사물이 놀이의 재료로 쓰이는 방법을 소개한다. 아이와 함께 자연 속에서 오감을 통한 놀이, 사물을 찾는 놀이 등을 통해 행복하고 건강한 모습으로 변모한 아이의 모습을 발견할 수 있다.

직장에 다니는 엄마라 시간이 없더라도 하루 20분만 투자할 수 있는 놀이도 있다. 게다가 많은 돈을 들이지 않고도 최고의 효과를 누릴 수 있고, 또 아이가 엄마와 노는 것을 즐거워하는 모습만 봐도 든든하고 흐뭇한 미소가 번질 것이다. 놀이는 아이를 가장 행복하고 가장 건강하고 가장 똑똑하게 키우는 지름길임을 잊지 말자.

18
그림책 육아, 족보가 있으면 쉽다

『그림책 족보』, 황경숙, 마음상자, 2013년
많은 그림책을 읽고 전문서적을 읽으면서도 찾지 못했던 답을 나는

당신의 책장 속에 육아의 답이 있다

이 책에서 찾았다. 왜냐하면, 저자가 현장 경험이 있었기 때문에 훨씬 활용하기에도 쉬웠고 공감이 되었다. 이 책을 한마디로 표현하면 다음과 같다.

'어린이 도서전문가 황경숙 선생님의 연령별 그림책 육아 바이블.'

엄마들뿐만 아니라 현장에 있는 기관에서도 그림책 등을 선정할 때 가장 어려워하는 것이 자라나는 아이의 나이와 상황에 맞는 책을 골라주는 일일 것이다. 같은 연령대의 아이라 하더라도 아이의 발달 상황에 맞춰 그림책을 선택해 주기란 무척 어렵기 때문이다. 이 책은 어린이도서 전문가인 독서지도가 황경숙 선생님이 연령별로 그림책을 선택할 수 있게 도와주는 그림책 선택의 바이블이라고 할 수 있다.

19
소리를 흉내 낸 말, 모양을 흉내 낸 말, 엄마와 아이가 읽는 동시

『소리가 들리는 동시집』, 이상교, 박지은 그림, 2010년

우리말의 재미와 재치를 익힐 수 있는 동시집 『소리가 들리는 동시집』. 이상교 시인의 작품 가운데 흉내말이 돋보이는 동시들을 모은 것으로, 짧고 간단하면서도 동시 특유의 순수함과 재기발랄함이 살아 있다.

어린 나이의 영아들에게 들려줄 만한 동시 찾기는 쉽지 않다. 그림책 속 순화된 어휘를 가지고 아이들에게 언어 확장의 기회도 주고 자극도 주

지만 그것으로는 양에 차지 않았다. 여러 동시집을 인터넷과 서점을 통해 구매하다가 이 시집을 찾았다. 참으로 반가웠다. 집에서 반복되는 생활언어처럼 어린이집에서도 자칫 생활언어만을 활용할 수가 있다. 이때 이 동시집을 통해 일상적 풍경과 동시 한 구절도 같이 표현한다면 참으로 아름다운 일이 될 것이다. 일부러 외워서 아이들에게 써먹는 것도 재밌다.

20
이야기는 아이들의 밥

『아이들은 이야기 밥을 먹는다』, 이재복, 문학동네, 2010년

저자는 문학 교육이 아이들이 자신의 내면과 소통하면서 삶을 이끌어가는 데 필요하다고 말한다. 문학이 밥이 되어 아이들의 정신을 살찌우기 위해서는 이야기의 역할이 중요함을 알려주고 있다. 아울러 이야기는 '이야기를 하는 자'와 '이야기를 듣는 자' 사이의 관계 맺기임을 보여준다. 아이들에게 이야기를 들려주는 것만큼, 아이들의 이야기를 듣는 것도 필요함을 일깨워주고 있다. 특히 옛이야기는 아이들이 스스로와 소통하면서 내면의 갈등과 두려움을 치유하도록 이끄는 역할을 하고 있음을 증명한다.

이 책은 밥이 되는 이야기, 삶이 되는 동화를 화두로 오랫동안 고민하고 실천해 온 어린이문학 평론가 이재복이, 부모와 선생님들에게 이야기

하듯 써내려간 문학교육서다. 책을 많이 읽어야 한다고 다들 입을 모아 말한다. 그런데 왜 읽어야 할까, 이야기가 아이들에게 무엇일까, 진지한 질문을 던진다.

예전에는 자신의 부정적인 그림자를 투사하고 내 던질 기회가 많았다. 옛이야기를 들려주던 어른들이 있었고 마음껏 뛰어놀면서 폭력적인 자신의 힘을 순화시키는 기회도 가졌다. 그러나 요즘 아이들은 그것을 배출할 기회가 없다. 아이들은 어디로 가야 할까. 이야기가 단순히 이야기가 아니라는 사실. 심리적 영향에 대해 생각을 하게 한다.

21
장난감도 장난감 나름. 독이 든 장난감을 구별하라

『장난감 육아의 비밀』, 정윤경, 김윤정, 예담프렌드, 2014년

이 책은 우리 주변에 많이 존재하는 장난감에 대한 이야기를 다루며 장난감을 가지고 아이를 잘 키우는 장난감 육아법을 소개한다. '아이의 폭력성을 부추길 것만 같았던 장난감 칼은 오히려 아이의 스트레스를 없애는 데 도움을 준다.'는 이야기가 신선하게 눈길을 끌었다. 또한, 위생상의 문제로 꺼려졌던 모래는 아이에게 정서적 안정감을 주고 창의력과 수학적 사고력까지 키우는 훌륭한 놀잇거리다. 이처럼 장난감마다 그것이 왜 좋은지와 나쁜지를 상세히 설명하고, 좋은 장난감은 활용도를 높이는

방법을, 피해야 할 장난감은 대체법과 긍정적으로 사용할 수 있는 방법을 제시한다.

22
장난감 중독 '토이증후군' 이야기

『장난감을 버려라 아이의 인생이 달라진다』, 이병용, 살림, 2005년

어린이집 등원시간에 장난감 때문에 실랑이가 종종 벌어진다. 새로운 장난감을 가지고 어린이집으로 등원하겠다는 아이와 집에 두고 나중에 가지고 놀자는 부모의 실랑이다. 장난감을 많이 사줘서 자신만의 장난감이 가득 쌓여있는 공간에서 혼자 놀기를 잘한다는 부모의 이야기도 가끔 듣는다. 그럴 때 어떤 얘기를 해 줘야 할까를 고민하게 된다. 혼자서도 잘 논다는 이야기를 자칫 독립적이거나 착한 아이 순한 아이라고 문제가 없는 것으로 생각하는 경우가 많기 때문이다. 이런 사례가 점점 많아지면서 이 책은 좋은 상담 자료가 된다.

『장난감을 버려라 아이의 인생이 달라진다』는 장난감 중독 '토이증후군'을 지적하고 있는 자녀 지침서다. 장난감이 중독될 수 있다는 이야기에 새삼 긴장하게 된다.

이 책은 심각하게 생각하지 않는 장난감 중독이 유사 자폐로 갈 수 있음을 사례를 통해 짚어주고, 이를 치료해 나가는 과정을 보여준다. KBS

당신의 책장 속에 육아의 답이 있다

이병용 PD는 장난감 중독에 빠진 아이들을 직접 취재하면서, 이들에게
장난감이란 어떤 존재이며, 어떤 식으로 갖고 노는지를 중점적으로 관찰
했다.

23
TV쇼크

『TV쇼크』, 하재근, 경향에듀, 2012년

『TV쇼크』는 TV로부터 나와 내 아이를 지키는 방법에 대한 책이다.
소비의 형태나 삶의 태도 등 아이에게 큰 영향을 미치는 TV를 아무 생각
없이 보여주는 부모들을 위해 TV 사용법에 대해 정리했다. 아이 두뇌에
영향을 미치는 TV의 문제점들을 자세하게 알아보고, TV가 아이의 생각
을 어떻게 지배하고, 아이의 행복을 어떻게 공격하는지 살펴본다. 더불어
TV뿐만 아니라 전자 영상물 자체가 아이의 두뇌 발달에 어떤 영향을 미
치는지 설명하고, 영상물의 내용이 아이의 심리나 사회적 인식에 어떤 영
향을 미치는지 알아본다.

이를 통해 발생할 수 있는 문제들에 비판적으로 대처하고 아이들을
보호할 힘을 기르고, 자신의 의견을 피력해 방송사에 영향력을 행사할 수
있는 능력을 갖춘 시청자가 될 수 있도록 도와준다.

1997년 12월 16일 저녁 일본에서 있었던 일이다. 일본 전역의 5세에서 14세 사이의 어린이들이 집단적으로 발작을 일으켰다. 구토 증세나 두통 혹은 호흡장애와 함께 눈동자가 풀어지면서 실신하는 아이까지 나타났다. 증세가 심한 700여 명은 입원까지 했다. 바로 애니메이션 〈포켓몬〉의 강렬한 자극 때문이었다. 이 애니메이션에는 여러 캐릭터들이 등장해 전투를 벌이는데 그 과정에서 발생한 번쩍번쩍하는 빛의 자극성이 아이들에게 충격을 준 것이다. 이것은 일종의 광과민성 집단 발작으로 이후 『포켓몬』에선 이런 장면이 삭제됐다.

24
기관에서 할 수 있는 산책의 모든 것을 말하다

『얘들아 산책 가자』, 임재택, 양서원, 2006년

이 책을 보면 어린이집이나 유치원 등에서 일상적으로 이뤄지고 있는 산책이 어떻게 진행되는지를 한 눈에 알 수 있다. 산책이 아직 자리를 잡지 않는 시절에 교사들이 아이들과 함께 한 산책의 전 과정을 컬러사진과 함께 담고 있는 책. 산책은 왜 하는지부터 산책은 언제 하고, 누구와 가며, 어디로 갈 것인지, 산책 가서 무엇을 할 것인지, 산책하면 어떤 변화가 오는지를 잘 설명해 놓은 책이다. 산책이란 그냥 걷는 것 정도로 생각할 수 있지만, 그 의미나 계획 방법, 추후 활동 들을 통해 활동에 더 깊은 의미를 가질 수 있다.

'산책은 왜 할까요?', '산책은 어떻게 할까?', '어떤 계획이 필요할까?', '산책 가서 무엇을 할까?'는 처음 아이들과 자연놀이를 시작해야 하는 부모나 어린이집이나 유치원 등에서 처음 아이들과 산책을 나가게 되는 교사들의 질문이 될 것이다. 산책을 그냥 단순하게 생각할 수도 있지만, 횟수가 거듭될수록 산책이 갖는 의미가 달라지고 그에 따른 방법도 약간의 수정이 필요하다. 그럴 때 이 책은 유용하다. 현장에서 미리 산책을 통한 경험들을 잘 정리해 놓았기 때문이다.

25
숲은 아이의 오감 발달을 돕는 보물창고다. 생태 육아

『사계절 숲 놀이 학교』, 정진영, 노란우산, 2011년

이 책에는 처음 숲에 갔을 때 무엇을 해야 할지, 아이에게 무슨 말을 해줘야 할지 전혀 몰랐던 생태 맹 엄마가 다양한 숲 관련 책을 읽고 아이와 직접 부딪치며 알게 된 많은 숲 놀이 방법이 수록되어 있다. 아이가 다칠까 봐, 숲에서 무엇을 해야 할지 몰라 숲에 가기 망설이는 모든 엄마와 함께하기 위해 쓴 책이다.

1장에는 숲이 우리 아이들에게 어떤 이로움을 주며 왜 아이를 숲으로 데려가야 하는지에 대해 경험자의 시각에서 조곤조곤 들려준다.

2장부터 5장까지는 계절별로 숲에서 아이와 하면 좋은 놀이를 담았다.

6장에서는 아이와 함께 쉽게 갈 수 있는 가까운 숲과 산사 체험, 천문대 체험, 휴양림 체험, 지리산 둘레길 체험, 숲 해설가와의 하룻밤 등 아이들과 숲에서 함께할 수 있는 다양한 프로그램을 소개했다. 또 부록으로 숲에서 읽으면 좋을 동화책을 실었다.

26
왜 아이들은 숲으로 데려가야 할까?

『얘들아 숲에서 놀자』, 남효창, 추수밭, 2006년

이 책은 연령과 대상, 장소, 소요 시간, 계절에 따라 진행할 수 있는 109가지 숲 체험 놀이 프로그램을 넣어 쉽게 따라 할 수 있도록 정리한 것이다. 독일 프라이부르크 대학교에서 산림생태학을 전공한 저자는 '숲 박사'라는 별명을 갖고 있다. 대상으로만 여겨오던 숲을 인생의 동반자로 살아온 저자의 열정이 보인다.

무엇보다 숲을 처음 만나는 시작 단계, 숲 속에서 활동적으로 진행하는 전개부터 절정 단계, 숲을 나오면서 정리하는 마무리 단계 등 단계별로 할 수 있는 놀이를 정리해놓았을 뿐만 아니라, 여기에는 놀이마다 숲을 체험하고 감각을 키울 수 있는 각종 활동이 포함되어 있으며, 놀이의 시작부터 마무리까지 상세하게 묘사가 되어 있어서 누구나 손쉽게 자신

당신의 책장 속에 육아의 답이 있다

만의 숲 체험 놀이 프로그램을 짤 수 있는 이점이 있다.

27
생활 속 자연놀이로 사계절을 즐겁게

『생활 속 자연놀이』, 정진희, 부즈펌, 2013년

집 가까이에 있는 자연에서 지금이 아니면 할 수 없는 놀이를 해 볼 수 있도록 구성한 책이다. 도시이든 시골이든, 아파트든 주택이든 큰맘 먹고 멀리 나가는 자연이 아니라 늘 우리 곁에 있는 자연에서 아이와 엄마, 아빠가 함께할 수 있는 놀이를 소개한다. 특별할 것도 없고, 많은 준비물을 갖춰야 하는 놀이도 아니지만, 자연이 1년 365일 다른 모습이기에 1년 내내 해도 다른 즐거움이 되는 놀이를 담았다.

저자는 '장난감 만드는 엄마'로 익히 알려져 있는데 자연놀이에도 일가견이 있어 보인다. 준비물 없이 조용조용 소담하게 해 볼 수 있어 더 부담이 없다. 감각이 있어 구성도 예쁘다. 오목조목 사계절 놀이를 잘 담았다. '나뭇잎은 색종이이자 장난감'이란 말이 실감 나게 다가온다. 그만한 빛깔을 가진 색종이처럼 활용하기 좋은 소재는 없을 것 같다.

놀이터랑 공원에서 하는 집 밖 놀이는 어린이집 아이들과도 자주 하는 놀이다. 제비꽃 반지와 나뭇잎으로 염색한 손수건, 환삼덩굴 브로치 등은 주변에서 쉽게 구할 수 있는 재료들로 가능하다. 토끼풀로 만든 꽃

반지 등도 흔하게 피어 있어서 자주 활용할 수 있는 좋은 소재다. 봄나물 카나페 만들기, 눈으로 먹는 화전과 쑥전도 특별한 추억이 될 것이다.

28
0세부터 초등까지, 아이의 모든 것

『신의진의 아이 심리백과』, 신의진, 걷는나무, 2011년

소아정신과 전문의 신의진의 육아 지침서 시리즈. 0~2세, 3~4세, 5~6세, 초등 저학년, 초등 고학년까지 나와 있다. 저자가 18년간의 진료 기록과 두 아이를 키운 엄마로서의 경험담, 검증된 발달심리학 이론을 토대로 육아 노하우를 알려준다. 진료 현장에서 부모들이 가장 궁금해하는 질문사례들을 토대로 육아에 꼭 필요한 노하우들을 실었다.

29

애착 형성의 첫걸음, 아이의 속마음 읽기는 어떻게 하나?

『엄마가 잘 모르는 두 살의 심리』,

슈후노토모샤, 이정민 옮김, 박은진 감수, 푸른육아, 2012년

시리즈물로 0세에서 4세까지의 아이의 심리를 다뤘다. 이 책에는 엄마가 궁금해하고 엄마의 입장에서는 잘 모르는, 아기 울음의 이유에 대해 자세히 알려주고 상황에 맞는 속마음 읽기를 엿볼 수 있다. 아기와 엄마의 감정 밀고 당기는 감정표현을 체험할 수 있다. 책을 읽다 보면 '아하, 그래서 그렇구나.' 하고 무릎을 치게 된다. 푸른 육아 출판사에서 저자별, 아이의 연령별로 나와 있다. 『엄마가 또 모르는 세 살의 심리』, 『엄마가 모르는 네 살의 심리』도 부담 없이 재밌게 읽을 수 있다. 다양한 상황마다 울어대는 아이의 모습을 표현하는 사실적인 삽화는 이제 막 부모가 된 초보 엄마, 아빠가 아기 마음을 이해하는 데 큰 도움을 줄 것이다.

참고문헌

* 『아이와 애착 다지기』(2012), 최명선 · 차미숙 · 김난희 지음, 이담북스
* 『마더 쇼크』(2012), EBS 마더쇼크 제작팀 지음, 중앙북스
* 『파더 쇼크』(2013), EBS 파더쇼크 제작팀 지음, 쌤앤파커스
* 『부모로 산다는 것』(2014), 제니퍼 시니어 지음, 이경식 옮김, 알에이치코리아
* 『아이의 작은 인생은 어린이집에서 시작되었다』(2013), 최경애 지음, 포북(forbook)
* 『우리 아이 어떻게 키울까』(2007), 오사카보육연구소 지음, 보리
* 『프랑스 아이처럼』(2013), 파멜라 드러커맨 지음, 이주혜 옮김, 북하이브
* 『부모라면 유태인처럼』(2010), 고재학 지음. 예담프렌드
* 『스칸디 부모는 자녀에게 시간을 선물한다』(2013), 황선준, 황레나 지음, 예담프렌드
* 『놀이의 반란』(2013), 놀이의 반란 제작팀 지음, 지식너머
* 『하루 10분 생활놀이』(2012), 권오진 · 탁경운 지음. 권규리 그림, 경향BP
* 『그림책 족보』(2013), 황경숙 지음, 마음상자
* 『얘들아 숲에서 놀자』(2006), 남효창 지음, 추수밭
* 『장난감 육아의 비밀』(2014), 정윤경 · 김윤정 지음, 예담프렌드
* 『장난감을 버려라 아이의 인생이 달라진다』(2005), 이병용 지음, 살림
* 『오래된 미래 전통 육아의 비밀』(2012), 김광호 · 조미진 지음, 라이온북스
* 『사계절 숲 놀이 학교』(2011), 정진영 지음, 노란우산
* 『얘들아 산책가자』(2006), 임재택 지음, 양서원
* 『심심쟁이 아이를 위한 놀이의 반란』(2012), 김윤정 · 박도현 지음, 담소
* 『아이의 두 얼굴』(2013), 린이 지음, 김락준 옮김, 부키
* 『아이들은 이야기밥을 먹는다』(2010), 이재복 지음, 문학동네
* 『소리가 들리는 동시집』(2010), 이상교 지음, 박지은 그림, 토토북
* 『생활 속 자연놀이』(2013), 정진희 지음, 부즈펌
* 『애착의 심리학』(2010), 이보연 지음, 웅진웰북
* 『뇌가 즐거운 아기놀이 120』(2013), 뇌발달영아놀이연구팀 지음, 꽃숨
* 『아이심리백과』(2011), 신의진 지음, 걷는나무
* 『엄마가 또 모르는 두 살의 심리』(2012), 슈후노토모샤 지음, 이정민 옮김, 박은진 감수, 푸른육아
* 『아날로그로 꽃피운 슬로 육아』(2014), 윤영회 지음, 서해문집
* 『TV쇼크』(2012), 하재근 지음, 경향에듀
* 『아이들은 놀이가 밥이다』(2012), 편해문 지음, 소나무
* 『야성의 사랑학』(2010), 목수정 지음, 웅진지식하우스
* 『SBS스페셜 격대 육아법의 비밀』(2013), 경향미디어
* 『태아는 천재다』(2012), 지쓰코 스세딕 지음, 샘터(샘터사)
* 『태아성장보고서: KBS 특집 3부작 다큐멘터리』(2012), KBS 첨단보, 마더북스
* 『0-3세 아빠 육아가 아이 미래를 결정한다』(2012), 리처드 플레처 지음, 김양미 옮김, 글담출판사
* 『내 마음 다독다독, 그림 한 점』(2015), 이정아 지음, 팜파스
* 『그림책으로 읽는 아이들 마음』(2015), 서천석 지음, 창비
* 『선생님, 전 이렇게 상담했어요』(2008), 박근주 · 송원호 · 김연진 지음, 양서원
* 『사람 사람』(2015), 안도현 지음, 신원문화사

당신의 책장 속에 육아의 답이 있다